Falência de uma pequena empresa
por culpa de seu proprietário

Anddy Park

Sobre o autor

Anddy Park

Anddy é o diretor financeiro da Yuil technolgy investment, uma empresa sul-coreana de capital de risco, e é um dos principais gerentes de seu fundo de capital de risco.

Ele trabalhou como capitalista de risco na KDB Capital e como auditor no Choeun Savings Bank. Ele também foi CEO da Yuil Capital Partners e da Careernet e tem uma ampla experiência, desde consultoria corporativa até capital de risco e financiamento ao consumidor.

Como executivo sênior de uma instituição financeira por mais de 10 anos, ele percebeu como as mudanças no ambiente macroeconômico podem determinar o destino das instituições financeiras. Com base nessa experiência, ele se interessou pelas causas e consequências das crises econômicas, especialmente em 1997, quando a Coreia solicitou um pacote de resgate do FMI, e em 1998, quando instituições financeiras e empresas foram reestruturadas. Como resultado, ele escreveu o livro Money, Speculation and Fraud (Dinheiro, especulação e fraude).

O livro é uma coleção de exemplos reais baseados em suas experiências que ele espera que possam servir como lições para proprietários de pequenas empresas.

Anddy se formou em economia pela Universidade da Coreia e tem 30 anos de experiência em instituições financeiras e no setor; é autor de quatro livros: Money, Speculation, Fraud e Financial ABC for Dummies.

Conteúdo

Prefácio

Em meus quase 30 anos no mundo corporativo, trabalhei com muitas empresas de pequeno e médio porte e, embora existam ótimos exemplos de empresas que cresceram e se tornaram empresas de médio porte, também há muitas que fecharam as portas.

As histórias de melhores práticas costumam ser divulgadas convidando repórteres para entrevistar o CEO quando necessário, escrevendo histórias de crescimento e promovendo-as na mídia, mas as histórias de empresas que faliram ou desapareceram do mercado costumam ser difíceis de ouvir, a menos que você tenha participado delas ou do setor.

No meu caso, aprendi sobre falência por meio de meu trabalho em consultoria de gestão e em investimentos e empréstimos para instituições financeiras, ou por meio de minha função direta como diretor financeiro. Também ouvi muitas histórias de empresas falidas de conhecidos.

Essas histórias são mais difíceis de encontrar do que as melhores práticas, e espero que sirvam como exemplos valiosos do que as pequenas e médias empresas que estão competindo pela sobrevivência não devem fazer.

No entanto, devido à natureza de denúncia de algumas das histórias, foram usados pseudônimos em vez de referências diretas a nomes reais, e as histórias são baseadas em não-ficção, com alguma ficção inevitavelmente misturada.

Assim como há muitas ditaduras no mundo, também há muitos ditadores nos negócios. Não culpo os ditadores corporativos porque algumas pessoas criam empresas para serem ditadores.

Entretanto, se o ditador for incompetente, ganancioso ou incapaz de distinguir entre negócios e prazer, a maioria dos funcionários não estará imune à tirania do ditador e terá de suportar a dor para o bem da organização.

Muitos de nós podemos nos identificar com as situações humilhantes e destruidoras do ego que temos de suportar para ganhar a vida, mas o ditador parece se deleitar com a dor e não mostra sinais de desculpas ou remorso, e o poder sem controle só se fortalece.

Na esperança de que os ditadores reconheçam que suas decisões têm um impacto profundo sobre o sustento de inúmeros funcionários e suas famílias, que vivem e morrem por seus negócios, analisamos como suas ações levaram ao colapso de empresas.

Em vez de analisar os prós e contras da falência e do desfalque, este livro é uma análise cautelosa e descontraída de como as ações de indivíduos que podem ter um enorme impacto em uma empresa podem afetar uma organização.

1. Versão coreana do Ripley's Believe It or Not

Escolhi o primeiro episódio para contar a história de Kim, o proprietário de um banco de poupança (uma instituição financeira coreana semelhante a uma S&L nos EUA) em que um conhecido meu trabalhava, que o transformou na sétima maior instituição financeira do país, com US$ 2 trilhões em ativos, mas foi pego roubando o dinheiro dos clientes e tentando fugir pouco antes de o banco ser fechado.

Kim nasceu em 1956 em uma família pobre de camponeses em Asan, província de Chungcheongnam, Coreia do Sul, sendo o mais velho de três filhos e uma filha. Depois de se formar no ensino fundamental, ele foi para o ensino médio, mas a escola não era oficialmente reconhecida e, mesmo assim, ele foi considerado um desordeiro e expulso. Depois, mudou-se para Seul e dizem que trabalhou em uma fábrica.

Ele era um vigarista que se passava por estudante de direito na SNU (Universidade Nacional de Seul), uma das melhores universidades da Coreia do Sul, embora seu treinamento real consistisse em um GED (Exame Geral de Desenvolvimento Educacional) e um diploma de dois anos de faculdade comunitária.

Depois de se alistar no exército, Kim conheceu um estudante de direito da SNU que havia se alistado em 1978. Como os vigaristas costumam fazer, Kim disse a ele que também era estudante de direito na Universidade Nacional de Seul, que havia passado no ensino médio com um GED porque sua família era pobre e que havia se alistado no exército assim que foi aceito no programa de direito porque não conhecia ninguém no programa.

Os dois se tornaram amigos íntimos e, mesmo depois de deixar o exército, ele seguiu seu amigo até a Associação de Ex-Alunos da Faculdade de Direito da Universidade Nacional de Seul, vivendo a vida de uma versão coreana de Ripley.

A síndrome de Ripley, que ficou famosa pelos filmes "Purple Noon", estrelado por Alain Delon, e "The Talented Mr. Ripley", estrelado por Matt Damon, é uma condição na qual uma pessoa acredita firmemente que uma imagem falsa de si mesma é seu verdadeiro eu e vive de acordo com essa imagem. Embora a síndrome de Ripley em si não seja reconhecida como uma doença mental, ela é tratada como um dos sintomas de outros transtornos, como delírios de grandeza e transtornos delirantes.

É um fenômeno em que uma pessoa com alta necessidade de realização, incapaz de satisfazer suas necessidades, sofre sentimentos de inferioridade e vitimização e conta mentiras repetidas e habituais, acreditando que são verdadeiras e agindo falsamente em um mundo que ela criou.

Quando se mudou para Seul, mentiu para os pais dizendo que havia prestado o vestibular e entrado na faculdade de direito da Universidade Nacional de Seul, e tirou uma foto com os pais em frente à entrada principal da universidade.

Depois de ser dispensado do exército, ele falsificou uma carteira de estudante e começou a participar das reuniões de ex-alunos de Direito da SNU, onde se tornou o presidente do grupo com a eloquência e a falta de vergonha de um vigarista.

Naquela época, a atmosfera no departamento de direito da Universidade Nacional de Seul era individualista e focada no estudo para o exame da ordem, um teste nacional para se tornar um advogado, de modo que ninguém queria assumir tarefas gerais do departamento. Em tal situação, sua imagem de aluno proativo que tomou a iniciativa de ajudar nas atividades do departamento só poderia ser boa.

Ele assistia às aulas de direito da SNU todos os dias, prestava exames e estendia suas atividades para além dos limites de um simples estudante de graduação, como presidente do conselho estudantil, presidente do clube, presidente do clube GED e presidente de classe.

Naquela época, os registros dos alunos não eram informatizados e o departamento de direito tinha muitos alunos se preparando para o exame da ordem, um teste nacional para se tornar um advogado, de modo que o corpo docente explorou a fraqueza da gestão acadêmica frouxa dizendo que os alunos de direito estavam se preparando para o exame da ordem.

Ele também aproveitou o fato de ser um estudante de direito da Universidade Nacional de Seul para se tornar um tutor. Ele era encarregado principalmente de dar aulas particulares para alunos do terceiro ano do ensino médio, concentrando-se nos exames de admissão à universidade.
Ao mesmo tempo, estudou para o exame da ordem e fez a primeira fase ainda na universidade e, embora afirmasse ter sido reprovado em uma questão, sua pontuação média na primeira fase foi de 26 de 100.

Sua diligência foi reconhecida por seus colegas de classe e outros estudantes, e seu colega de classe o apresentou à irmã de seu primo, a filha do presidente de um grande hospital que estava matriculada em enfermagem em uma das universidades femininas mais prestigiadas da Coreia do Sul.

Em 1982, Kim se apresentou como estudante de direito na Universidade Nacional de Seul e se casou com a filha do diretor do hospital, que havia sido apresentada a ele por um colega de classe. O reitor da Faculdade de Direito da Universidade Nacional de Seul oficializou a cerimônia e a maioria dos estudantes de direito compareceu como convidados.

Ninguém suspeitava que Kim fosse um falso estudante de direito da SNU porque ele era muito visível e estava presente em várias funções da escola.

Seus colegas de classe comemoraram o casamento arrecadando dinheiro para comprar uma geladeira para ele como presente de lua de mel.

Ele mentiu para os pais de um aluno que estava orientando, dizendo-lhes que havia passado em seu primeiro exame da ordem dos advogados, e os enganou para que investissem, dizendo-lhes que tinha um bom investimento, de modo que fez uma hipoteca de um imóvel e usou o dinheiro para comprar sua nova casa.

A fraude de Kim foi descoberta em 1983 durante a preparação do anuário da Faculdade de Direito da Universidade Nacional de Seul. Naquele ano, pela primeira vez, foi exigido que os anuários incluíssem os nomes reais dos alunos e suas instituições, e foi durante o processo de verificação de seu nome real que se descobriu que ele era um falso aluno da SNU.

Ele até tirou uma foto de formatura para o anuário e, durante o processo, não anotou seu endereço para o anuário, mas quando o escritório do departamento verificou o registro para preencher seu endereço depois que ele se casou e saiu em lua de mel, descobriu-se que ele era um estudante universitário falso. Foi um incidente importante que foi noticiado na mídia na época e, mais tarde, tornou-se o tema de um romance.

Ele não foi punido legalmente por essa atividade fraudulenta porque não causou nenhum dano a outros alunos. Como não havia base legal para puni-lo e sua imagem na escola não era ruim na época, ele não sofreu nenhuma sanção mesmo depois que foi confirmado que ele era um estudante universitário falso.

Quando se descobriu que Kim era um estudante universitário falso, alguns alunos o procuraram pela escola, inclusive um deles, que hoje é presidente da Coreia do Sul.

No entanto, mesmo depois de ter sido descoberto que ele era um falso estudante de Direito da SNU, Kim continuou a manter contato com ex-alunos, especialmente participando de reuniões de ex-alunos de Direito da SNU, o que os verdadeiros ex-alunos toleravam porque ele tinha uma boa imagem e um amplo círculo de amigos por tê-los orientado em suas carreiras acadêmicas, de modo que não havia vantagem em expulsá-lo, e ter um homem rico casado com a filha do presidente de um hospital na associação de ex-alunos seria benéfico até certo ponto.

Quando o golpe veio à tona, a família da filha do diretor do hospital, que era casada com o presidente Kim, naturalmente a pressionou a se divorciar dele, mas ela estava grávida de sete meses e o preconceito social contra mulheres divorciadas era grande na época.

Kim fraudou a família de um ex-tutor em um total de 16 milhões de won (cerca de US$ 12.000) em taxas de tutoria e orientação para o exame de admissão à universidade, e foi detido pela polícia e preso por fraudar vários investidores. Naquela época, o salário mensal em uma grande empresa era de cerca de 300.000 won (cerca de US$ 230), portanto, 16 milhões de won era uma quantia bastante alta.

Em 1985, ele se candidatou a um emprego no Daewoo Group, um grande conglomerado da época, e foi aceito. Naquela época, o Daewoo Group só contratava graduados de universidades de prestígio, como a Universidade Nacional de Seul, a Universidade da Coreia e a Universidade de Yonsei e, embora tenha sido aprovado no sistema de recursos humanos frouxo da empresa, foi demitido três meses depois de entrar porque a verificação do histórico escolar da empresa revelou que ele era um estudante universitário falso.

Kim pegou dinheiro emprestado de seus sogros ricos para abrir várias empresas, mas todas fracassaram, e ele conseguiu economizar o suficiente para comprar uma empresa de incorporação imobiliária e uma empresa de extração de pedras em que investiu por acaso. Em seguida, usou esse dinheiro para comprar uma empresa de construção, que faliu durante a crise financeira coreana de 1997, deixando-o com uma dívida de bilhões de won. Nesse momento, o Sr. Kim tornou-se um risco de crédito ruim.

Apesar disso, Kim entrou no setor financeiro em 1999, quando adquiriu o Korea Mutual Credit Bank, com sede na Ilha de Jeju, por 500 milhões de won, usando o nome de seu irmão em vez do seu próprio.

Após a crise financeira sul-coreana de 1997, a fim de facilitar a aquisição de instituições financeiras falidas, o governo sul-coreano flexibilizou as regulamentações sobre a aquisição de instituições financeiras, incluindo a eliminação de testes de qualificação para os principais acionistas, o que facilitou a aquisição da empresa por Kim, que tinha um histórico de crédito ruim.

Após adquirir a empresa, ele usou a associação de ex-alunos da Faculdade de Direito da Universidade Nacional de Seul, que ele mantinha e apoiava mesmo após o golpe do falso estudante universitário, para recrutar seus amigos e ex-colegas de classe para a caixa econômica.

No entanto, com um histórico de crédito ruim, ele não se sentia à vontade para se nomear gerente geral. Em vez disso, ele precisava de alguém com um perfil mais elevado para assumir o cargo de CEO, e um conhecido o apresentou a outro capitalista de risco, o Sr. Yoon.

Yoon era um vigarista e assassino que havia matado sua esposa em Hong Kong, tentado, sem sucesso, buscar asilo na embaixada norte-coreana em Hong Kong, depois retornou à Coreia do Sul e mentiu sobre tê-la matado porque ela era uma espiã norte-coreana, glorificando-se como um combatente anticomunista.

Yun era da mesma província de Chungcheongnam que Kim, abandonou o ensino médio e passou apenas seis meses no exército, mas alegou fraudulentamente ter se formado em uma academia militar.
Como CEO da Pass21, uma empresa de leitores de impressões digitais, ele se fez passar por capitalista de risco e pagou muitos subornos a funcionários do governo.

O presidente Kim nomeou Yoon, que tinha um currículo ostensivamente colorido, CEO de uma instituição financeira que ele havia adquirido e usou o reconhecimento de seu nome para promovê-la.
Entretanto, quando a verdade sobre o caso de assassinato de Yoon foi revelada e ele foi preso, Kim foi forçado a se tornar CEO e presidente da instituição financeira.

O banco foi renomeado para Mirae Savings Bank em 2000, depois adquiriu o Budget Savings Bank em 2002 e o Samhwan Savings Bank em 2005. Em 2005, o banco expandiu seu alcance abrindo uma agência em Gangnam, Seul, e em 2009 adquiriu o Hanil Savings Bank. Mais de uma década após a aquisição, o Mirae Savings Bank cresceu e se tornou a sétima maior instituição financeira do país, com ativos de 2 trilhões de KRW.

O principal produto de receita do Mirae Savings Bank eram os empréstimos overnight. Enquanto os empréstimos normais recebem garantias e são descartados quando os juros ou o principal estão atrasados em três ou quatro dias, os empréstimos overnight recebem o principal e os juros todos os dias, de modo que as garantias podem ser leiloadas assim que estiverem atrasadas em três ou quatro dias.

Um objeto de garantia representativo que foi removido dessa forma é a Geonjae Old House em Asan, Chungcheongnam-do.
Era uma casa onde os descendentes de uma família proeminente chamada Yigan viviam durante a dinastia Joseon e, durante o reinado do rei Gojong da dinastia Joseon, um homem chamado Gunjae Lee Sang-ik comprou várias casas de azulejos nas proximidades e construiu uma típica casa de azulejos, que era tão valiosa que foi designada como propriedade cultural popular nacional.

Dizia-se que somente os pinheiros do jardim valiam bilhões de won. No entanto, quando Lee, descendente de Lee Sang-ik, tomou emprestado 7 bilhões de won (US$ 5,26 milhões) do Mirae Savings Bank usando a casa como garantia para seu negócio de processamento de alimentos, e Lee não conseguiu pagar o empréstimo, o Presidente Kim leiloou a casa e assumiu sua propriedade.

Quando Lee perdeu a propriedade da casa, ele supostamente cometeu suicídio por culpa por não ter conseguido proteger a propriedade que havia herdado de seus ancestrais.

Kim a transformou em uma casa particular e comprou as castanheiras ao redor e 80.000 metros quadrados de terra em nome de um parente, plantando todos os tipos de flores e árvores e criando um jardim particular. A vila era tão grande que só podia ser vista após 15 minutos de caminhada pelo gramado.

O Presidente Kim também comprou 3.305.800 ㎡ de terra ao redor de Asan, Chungcheongnam-do, para construir um belo campo de golfe chamado CC, que ele tomou emprestado em nome de outra pessoa para financiar a construção do campo de golfe. Entre esses empréstimos, apenas o ilegal do Mirae Savings Bank totalizou mais de 200 bilhões de won (US$ 150 milhões).

Durante esse processo, o Sr. Heo, outro fraudador, soube que o Presidente Kim havia tomado emprestado ilegalmente 200 bilhões de won para financiar a construção do campo de golfe e, juntamente com o Sr. Lee, um ex-assessor parlamentar, enviou um e-mail ao Presidente Kim e o ameaçou.

Ao pressionar o Serviço de Supervisão Financeira e os promotores a denunciarem os empréstimos ilegais do Presidente Kim, Heo conseguiu 380 milhões de won (aproximadamente US$ 300.000) de Kim. Ele também obteve 85 milhões de wons (cerca de US$ 64.000) do Sr. Kim, um funcionário do Mirae Savings Bank que participou dos empréstimos ilegais, ameaçando-o de que ele também seria preso se a investigação sobre os empréstimos ilegais fosse adiante.

O Sr. Heo, que acabou sendo preso sob a acusação de fraude, era formado em direito pela Universidade de Harvard (EUA) e havia sido chefe das filiais coreana e de Hong Kong da Agência Central de Inteligência dos EUA (CIA), mas descobriu-se que ele tinha apenas o diploma do ensino médio.

Quando o mercado imobiliário sul-coreano entrou em colapso no final da década de 2000, os empréstimos para financiamento de projetos imobiliários, um elemento básico dos bancos de poupança, começaram a dar errado.

Isso fez com que o índice de capital do Mirae Savings Bank, que era de 9,34% no final de junho de 2010, caísse para -10,17% em um ano. A principal causa do fracasso foi o próprio Kim.

Às 3 horas da manhã de 5 de junho de 2011, quando a rentabilidade do Savings Bank estava se deteriorando, seu filho, que era funcionário do escritório distrital de Gwanak, em Seul (uma forma de serviço militar sul-coreano que lhe permitia servir como funcionário no escritório distrital), dirigiu um Mercedes Benz em alta velocidade em Apgujeong-dong, Gangnam-gu, Seul, batendo em seis ou sete carros e ferindo gravemente seis pessoas.

O filho do presidente Kim, que estava bêbado na ocasião, dirigia um Benz alugado do Mirae Savings Bank e bateu em oito carros antes de fugir e ser pego pela polícia, que foi detida por motoristas de táxi que testemunharam o atropelamento e fuga.

Na ocasião, seu nível de álcool no sangue era de 0,137% e o filho de Kim teria gritado para o motorista de táxi que o perseguia: "Meu pai é o chefe do Mirae Savings Bank".

Enquanto isso, com a deterioração da administração do banco de poupança, o Presidente Kim teve que aumentar o índice BIS acima de 8% para evitar a falência do banco. Para isso, ele precisava aumentar o capital do Mirae Savings Bank, então elaborou um plano com Lim, presidente do Solomon Savings Bank, e Hong Won-jeong, diretor da Seomi-Gallery, que havia monetizado obras de arte de políticos e empresários famosos.

O sogro e o cunhado de Hong eram chaebols, portanto, ele os conhecia e cobrava por suas pinturas. Devido a regras pouco claras sobre o valor das pinturas, o comércio era frequentemente usado como uma forma de sonegar impostos e esconder dinheiro.

Primeiro, Kim emprestou 28,5 bilhões de wons (US$ 21 milhões) ao Solomon Savings Bank como garantia para um aumento de capital de 3 bilhões de wons (US$ 2,2 milhões), usando as pinturas que possuía na galeria como garantia. Kim, então, penhorou algumas das pinturas que recebeu como garantia da galeria ao Solomon Savings Bank e recebeu um empréstimo de 30 bilhões de wons (US$ 22,5 milhões).

Em seguida, Kim deu o restante das pinturas que recebeu como garantia da Sumi Gallery para a Hana Capital, e o Mirae Savings Bank recebeu um aumento de capital de 14,5 bilhões de wons (US$ 11 milhões) da Hana Capital.

Também convenceu os funcionários da empresa a participar do aumento de capital do Mirae Savings Bank com 8 bilhões de wons (US$ 6 milhões) de seus salários e pagamentos de indenizações.

Entretanto, o Mirae Savings Bank, cujo índice BIS caiu para -16% devido à má administração, foi finalmente suspenso em maio de 2012, e os executivos do banco que roubaram o dinheiro dos clientes por meio de fraude e empréstimos ilegais não puderam evitar a punição legal. Como resultado, os executivos do banco de poupança, incluindo o presidente Kim, receberam ordens para deixar o país.

Em 3 de maio de 2012, diante dos funcionários da empresa, Kim disse: "As chances são menores que 50/50, mas faremos o possível para salvar a caixa econômica." Ele incentivou os funcionários e pediu que não desistissem.

Na época, o lema do Mirae Savings Bank era "mude de ideia", mas Kim acabou não mudando de ideia sobre salvar o banco e, em vez disso, planejou fugir desviando fundos.
Em abril de 2012, Kim retirou 200.000 ações de um grande conglomerado da custódia do Mirae Savings Bank e conspirou com um agiota para lhe pagar 8 bilhões de wons (US$ 6 milhões) em taxas e receber cerca de 19 bilhões de wons (cerca de US$ 14 milhões) em adiantamento.

Depois de incentivar seus funcionários, Kim foi a uma agência do Woori Bank onde 25 bilhões de wons (cerca de US$ 19 milhões) dos fundos do Mirae Savings Bank estavam depositados e tentou sacar os fundos sem o conhecimento dos funcionários da empresa.

Naquela ocasião, um funcionário do banco de poupança, preocupado com a possibilidade de uma corrida ao banco devido à deterioração da administração do Mirae Savings Bank, sacou 5 bilhões de wons (cerca de US$ 4 milhões) antecipadamente e os armazenou em outra conta do Mirae Savings Bank, tornando o valor disponível para saque 20,3 bilhões de wons (cerca de US$ 15 milhões).

No entanto, quando os funcionários do banco disseram ao Presidente Kim, que não sabia a senha porque os funcionários não lhe haviam dito, que ele não poderia sacar o dinheiro, ele trouxe os documentos relevantes, incluindo o selo corporativo da empresa e seu selo pessoal, e redefiniu a senha da conta, acabando por sacar 20,3 bilhões de wons em dinheiro.

O Woori Bank, que não indicou o motivo da mudança de senha ao redefinir a senha da conta, foi posteriormente multado pelo Serviço de Supervisão Financeira, e a pessoa responsável foi punida.

Kim, que planejava contrabandear cerca de 40 bilhões de wons (cerca de US$ 30 milhões), incluindo 20,3 bilhões de wons (cerca de US$ 15 milhões) que ele havia retirado do banco e 19 bilhões de wons (cerca de US$ 14 milhões) que ele havia conseguido com o pagamento antecipado de ações, para a China por meio do porto de Gungpyeong, em Hwaseong, província de Gyeonggi. Após receber os 19 bilhões de wons (cerca de US$ 14 milhões) que havia conseguido com o pagamento antecipado de ações, ele confiou 5,6 bilhões de wons (cerca de US$ 4,2 milhões) a um motorista que era colega de classe da escola primária de Kim para levá-los ao porto mais tarde.

No entanto, o motorista fugiu com o dinheiro e nunca apareceu no porto.

Depois de se encontrar com o Sr. Oh, um ex-gângster e agente de contrabando, no porto de Gungpyeong, em Hwaseong, Gyeonggi-do, para contrabandeá-lo a bordo de um pequeno barco de 9,5 toneladas, Kim foi descoberto pela Guarda Costeira sul-coreana, que estava disfarçada, e preso na cabine do barco de contrabando.

No momento de sua prisão, Kim estava supostamente com um passaporte e 12 milhões de won (US$ 9.000) em dinheiro, e manteve sua inocência, dizendo: "Eu não estava tentando contrabandear, estava apenas entrando no barco". As dezenas de bilhões de won em dinheiro que Kim havia descartado não foram encontradas no local e não se sabe onde ele as escondeu.

Havia 88.000 depositantes no Mirae Savings Bank, que foi fechado junto com o Solomon Savings Bank em 6 de maio de 2012 devido à má administração de Kim, e 2.000 depositantes ficaram sem seu dinheiro.

De acordo com a investigação anunciada pela promotoria após a prisão de Kim, estima-se que ele tenha roubado mais de 250 bilhões de wons (cerca de US$ 190 milhões) do banco de poupança e os tenha escondido.

Ele também é suspeito de desviar fundos comprando um quadro de sua filha, que era estudante de arte, por uma quantia exorbitante e emprestando ilegalmente 10 bilhões de wons (cerca de US$ 7,5 milhões) para uma empresa de bufê de frutos do mar em nome de sua esposa.
Também foi revelado que ele emprestou 27 bilhões de wons (cerca de US$ 20 milhões) para financiar uma empresa de cassino nas Filipinas e emprestou ilegalmente 150 bilhões de wons (cerca de US$ 110 milhões) para uma empresa de propriedade de Kim por meio de um terceiro.

Ele foi condenado a nove anos de prisão no primeiro julgamento, em janeiro de 2013, mas a sentença foi reduzida para oito anos após recurso em dezembro de 2013.
Entre as acusações contra Kim, ele foi considerado culpado de 302,8 bilhões de won (US$ 227 milhões) em desvio de fundos, 57,1 bilhões de won (US$ 43 milhões) em apropriação indébita e 526,8 bilhões de won (US$ 396 milhões) em empréstimos ao acionista majoritário de um banco de poupança, com uma sentença final de oito anos de prisão.

O presidente Kim teria tentado suicídio na prisão após saber do suicídio de sua amante.

Seu primo de primeiro grau, de quem é separado por dois irmãos, havia ajudado Kim a levantar dinheiro enquanto dirigia a filial de Cheonan do Mirae Savings Bank, mas após a prisão de Kim e enquanto estava sob investigação, ele supostamente cometeu suicídio enforcando-se em uma árvore de rua.

Um funcionário do Mirae Savings Bank também se suicidou enquanto estava sendo investigado pela polícia, deixando uma nota de suicídio afirmando que era injusto ser suspeito de desvio de dinheiro.

Diz-se que o Presidente Kim levou livros de direito e estudou muito enquanto estava na prisão, pois era um acadêmico que havia estudado direito anteriormente.

Presume-se que ele tenha sido libertado da prisão após cumprir sua sentença, mas não há informações sobre seu paradeiro.

2. Apropriação indevida de patentes

O Sr. Song formou-se em eletrônica na universidade e trabalhou como engenheiro de software na S Electronics, um grande conglomerado coreano, onde era líder de equipe. No entanto, após 10 anos de trabalho, ele sentiu que a cultura organizacional rígida e a concorrência cada vez mais acirrada estavam arruinando sua vida, então decidiu abrir sua própria empresa.

Aos 30 anos, ele abriu uma empresa para comercializar um item que tinha em mente e, sentindo-se sobrecarregado com o cargo de CEO, contratou uma pessoa com grande reputação de superior no trabalho para assumir o cargo de CEO e lhe deu metade das ações para que ele pudesse desempenhar seu papel como CEO.

Nos primeiros dias da empresa, havia mais problemas com vendas do que com tecnologia, como aconteceria com qualquer pessoa, e o novo CEO havia sido bem tratado em seu emprego anterior, de modo que não assumiu um papel ativo em vendas, gerenciamento ou tecnologia, de modo que o Sr. Song assumiu a liderança na maioria das coisas.

Após cerca de um ano de luta, a empresa se estabilizou até certo ponto e, no processo de planejamento da direção da tecnologia que determinaria o futuro da empresa, surgiu uma disputa com o novo CEO.

Durante esse processo, o Sr. Song descobriu que o CEO havia feito dos membros do conselho os seus próprios membros e, no final, o Sr. Song não conseguiu obter o controle do conselho e perdeu a empresa que vinha construindo com firmeza há um ano para o CEO em quem confiava.

O Sr. Song, que não sabia nada sobre gerenciamento, especialmente durante o processo de início de operação, confiou ao CEO a tarefa de iniciar e gerenciar a empresa.

No entanto, o CEO dividiu as ações da empresa em ações ordinárias e preferenciais para obter o controle. As ações ordinárias foram emitidas com direitos normais de voto, enquanto as ações preferenciais foram emitidas sem direitos de voto e apenas com o direito de receber dividendos. O capital social total consistia em 50% de ações ordinárias e 50% de ações preferenciais.

Como 50% das ações concedidas ao Sr. Song eram ações preferenciais e 50% das ações adquiridas pelo CEO eram ações ordinárias, o Sr. Song não tinha direito a voto na empresa e só podia receber dividendos.

Não acreditando que o CEO, que tinha uma boa reputação em sua empresa anterior e era confiável, agiria de forma tão perversa, o Sr. Song tentou resolver a questão por meio de uma reunião com o CEO, mas o CEO só queria entrar em contato com o Sr. Song por meio de um processo formal de ações e documentos legais e se recusou a se reunir informalmente.

Após um ano de batalhas legais sem sucesso para recuperar o controle da empresa, Song decidiu criar sua própria empresa e começou a recrutar membros, principalmente técnicos que haviam trabalhado anteriormente na S Electronics.

Depois de ser traído por alguém em quem confiava, ele passou a desconfiar e assumiu o controle do processo de início da nova empresa, detendo 98% das ações e permitindo apenas 2% das ações aos outros membros fundadores.

A disputa sobre o patrimônio o tornou sensível à justiça, e a democracia na administração não era aceitável para ele. No entanto, os primeiros dias da empresa sempre foram difíceis, e muitas vezes ele atrasava um ou dois meses no pagamento de seu salário. Quando isso acontecia, ele pedia dinheiro emprestado para pagar os salários de seus funcionários, exceto os executivos.

A mulher encarregada da contabilidade pediu demissão quando não conseguiu pagar a folha de pagamento, e a situação financeira da empresa dificultou a atração de funcionários de qualidade, de modo que o restante da equipe ficou sobrecarregado com trabalhos que exigiam que uma pessoa fizesse o trabalho de duas ou mais.

Com a empresa em uma situação financeira difícil e sem fundos, a única coisa que o CEO podia fazer era apresentar uma visão para o futuro e pedir isso aos funcionários com uma atitude humilde.

Embora a situação da empresa fosse difícil, o processo de tomada de decisões era bastante democrático em comparação com o de outras empresas, e o fluxo de informações era desimpedido de baixo para cima. Como a empresa era difícil de gerenciar, tentei eliminar as ineficiências, mesmo nas menores áreas, e estava disposto a aumentar a produtividade.

Além disso, para receber financiamento da política governamental, tivemos de escrever um plano de negócios e preparar uma apresentação de negócios, o que aumentou nossa carga de trabalho, mas trabalhamos muito para resolver o problema de fundos insuficientes e conseguimos receber financiamento do governo.

Após um ano de trabalho árduo, a empresa ganhou o contrato de fornecimento para a S-Electronics e começou a gerar vendas, o que resolveu, até certo ponto, o problema de financiamento. Em seguida, Song montou uma equipe de projeto para colaborar com a S-Electronics no projeto, com o objetivo de fornecer os resultados desejados pela S-Electronics em três meses.

Durante o primeiro ano de existência da empresa, o Sr. Song tentou manter funcionários tecnicamente inadequados por meio de treinamento, mas, à medida que a situação melhorou, ele começou a se livrar dos engenheiros ruins após cada projeto, e o site de anúncios de emprego da empresa estava sempre aberto para contratações em tempo integral.

No final do projeto, quase metade da equipe saía e a outra metade era substituída, mas a equipe havia crescido para quase 100 pessoas.

À medida que a empresa crescia, ela se mudava para escritórios maiores e o escritório do CEO e as salas de conferência ficavam frequentemente cheios de vozes altas. Na área de fumantes, a insatisfação dos funcionários aumentou e os membros da diretoria que estavam na empresa desde o início começaram a sair. Eles saíram dizendo que o CEO havia perdido o controle e se tornado um ditador, e que o ditador estava cercado de pessoas que o temiam.

As pessoas da empresa disseram que o CEO tinha de ser consistente e previsível. Assim como olhamos para a história para julgar o presente e o futuro, disseram eles, o CEO deve ser consistente, para que possamos prever o que ele fará com base nos exemplos das decisões do CEO no passado e nos preparar com antecedência, para que possamos trabalhar com eficiência e rapidez.

No entanto, eles disseram que o CEO da empresa não conseguia entender a diferença entre as decisões que ele tomou há uma semana e as que tomou hoje. Eles disseram que não conseguiam ter uma noção de como suas decisões eram tomadas, como um maníaco-depressivo que é movido por seu humor.

Também observamos menos conversas do CEO com executivos internos e tecnólogos. Era mais provável que ele priorizasse as opiniões de seus conselheiros pessoais de fora da empresa, como funcionários aposentados de uma empresa de médio porte que foram apresentados a ele na igreja, ou amigos próximos e pessoas mais velhas, em detrimento das opiniões dos funcionários internos.

Mesmo quando a equipe interna coletava e analisava informações relevantes de dentro e de fora da empresa e, por fim, apresentava relatórios para a tomada de decisões, o CEO se tornava um ditador, muitas vezes tomando decisões com base em conselhos desinformados de seu círculo de consultores pessoais.

Havia regras internas, e as coisas que eram feitas de acordo com as regras e os princípios quando a empresa estava passando por seus primeiros momentos difíceis agora eram aplicadas de acordo com o capricho de um ditador. Se alguém dissesse que algo estava fora dos padrões, as regras eram alteradas.
Isso quebrou os princípios e criou ineficiências dentro da empresa. O escritório do CEO estava sempre fechado e as informações da empresa eram monopolizadas por poucas pessoas, em comparação com a época em que o CEO atendia até mesmo os funcionários de nível mais baixo quando a empresa tinha problemas, e o fluxo de informações era transparente e fluido.

A relação entre o proprietário e os funcionários, que se pensava ser horizontal, parecia ter se transformado em uma relação entre um imperador inacessível e um servo e, como um paciente maníaco-depressivo, sempre que os gritos do ditador ficavam mais altos, os funcionários se retraíam psicologicamente e hesitavam em ficar na frente do ditador.

Alguns achavam que era injusto e discutiam, e outros obedeciam, pensando que o proprietário seria responsável se algo desse errado. No entanto, se o resultado desse errado, a responsabilidade sempre recaía sobre a pessoa responsável, de modo que a vozinha da pessoa responsável dizendo que não se opunha era abafada pela vozinha do ditador.

Uma a uma, as pessoas que não suportavam essa situação foram embora, mas os cargos vagos foram preenchidos por outras pessoas, e a empresa continuou a funcionar sem alterações. A voz do ditador ficava cada vez mais alta à medida que as pessoas que o mantinham na linha desapareciam, e seus conselheiros externos visitavam a empresa com frequência na esperança de conseguir um cargo na organização.

Alguns recebiam muito dinheiro para serem consultores, enquanto outros eram pagos para realizar serviços que não eram necessários.
Ninguém sabia para onde o dinheiro estava indo, mas ninguém achava que se tratava de um negócio legítimo.

Talvez porque agora não houvesse ninguém para controlá-la, o ditador chamou o chefe da equipe de gestão e ordenou que ele comprasse ativos intangíveis no valor de centenas de milhões de won. Essa é a tecnologia do futuro, essa é a tecnologia que moldará a visão da empresa, essa é a patente a ser comprada e, como ele havia se esforçado muito para conseguir o negócio, ele os instruiu a preparar os fundos para o pagamento da entrada e o saldo devedor.

Não havia ninguém na empresa para controlá-la, e não havia mais ninguém entre os que já haviam fundado a empresa. Não havia ninguém para dizer ao ditador que a tecnologia não valia a pena, que era um desperdício de dinheiro, que aceitar esse contrato poderia levar a empresa à falência.

Mas ninguém na empresa achava que essa tecnologia seria a visão de futuro da empresa, como o ditador afirmava. Todos estavam conformados com o fato de que era isso que o proprietário queria fazer, e as únicas pessoas que sabiam disso eram os executivos e a equipe de gerenciamento. Como o ditador estava fazendo isso em segredo, ninguém além dos gerentes e executivos sabia disso.

Não sabemos para onde foi o dinheiro desse contrato. No entanto, cerca de um mês após a assinatura do contrato, o antigo chefe da equipe de gestão foi substituído e um novo chefe da equipe de gestão foi contratado. Os ativos da empresa não eram grandes o suficiente para exigir uma auditoria externa por um contador público certificado.

O ditador se aproveitou da falta de uma auditoria externa obrigatória, e o contrato para comprar as patentes dessa forma foi supostamente elaborado por um consultor externo que ele conheceu na igreja.

Talvez eles tenham feito isso porque a saída de fundos por meio desse tipo de acordo era melhor do que o valor dos impostos que teriam de pagar na forma usual de pagamentos de bônus ou dividendos, mas a perda de pessoas que poderiam aconselhá-los sobre riscos legais e outras questões tornou-se um grande risco para a ditadura.

Na Coreia do Sul, as empresas geralmente temem as auditorias fiscais da Receita Federal e as auditorias de instituições financeiras do Serviço de Supervisão Financeira. Entretanto, o ditador, que não tinha experiência com essas auditorias, precisava de alguém que o aconselhasse sobre as implicações de uma auditoria externa.

E havia um fato importante que ele havia negligenciado. Ele havia se esquecido de que a S Electronics, um conglomerado global, realiza auditorias sem aviso prévio em seus subcontratados para identificar atividades ilegais e problemas técnicos e gerenciais que podem ser resolvidos na gestão dos subcontratados.

Por meio da auditoria, a S Electronics acessa não apenas os dados necessários para as vendas, mas também dados relacionados à administração, contabilidade, recursos humanos e informatização, e reflete isso na avaliação qualitativa dos subcontratados. Por meio desse processo, foram tomadas decisões como a negociação de preços de entrega unitários e a recontratação.

Havia vários campos minados, como a investigação fiscal, a auditoria contábil e a auditoria de desempenho da S Electronics, mas, no final, a equipe de auditoria que ficou em primeiro lugar foi a da S Electronics. Durante a auditoria de gerenciamento não anunciada, a equipe de auditoria, que examinou minuciosamente os livros e os recibos da empresa, decidiu não estender o subcontrato com a empresa, e rumores sobre a corrupção da empresa se espalharam no setor, o que levou à expulsão da empresa do setor.

Os funcionários da empresa, que não eram leais à empresa, mudaram-se para outras empresas, e nada se sabe sobre as atividades comerciais da empresa, sua recuperação ou o paradeiro do Sr. Song.

3. Lobby e fraude contábil

Se os EUA tiveram uma bolha pontocom em 2000, a Coreia teve uma mania de empreendimentos. Naquela época, o mercado de ações coreano era o KOSDAQ, equivalente ao NASDAQ nos EUA. Entretanto, na época da bolha das pontocom, o índice KOSDAQ atingiu 2.925 pontos, e o mercado estava tão superaquecido que o P/L chegou a 10.000 vezes e havia ações que se multiplicaram mais de 100 vezes.

Naquela época, a mania das empresas de risco no mercado KOSDAQ era comparável à bolha pontocom nos Estados Unidos, e as empresas de risco formaram associações de empresas de risco para reforçar sua pressão sobre o governo e as organizações relacionadas.

Entre essas empresas, havia uma famosa que atingiu 50 bilhões de won em vendas e promoveu sua tecnologia localizando equipamentos importados do Japão.
O mito do sucesso dessa empresa encheu a mídia a ponto de ela se tornar a primeira empresa a ser reconhecida como uma empresa de risco.
Ele também foi membro do conselho da Venture Business Association e organizou uma rede de organizações com ideias semelhantes.

A imagem da empresa na mídia era a de uma empresa empreendedora, transparente, limpa e baseada em princípios, com altos padrões. O CEO parecia sério e o CFO falou sobre o futuro brilhante da empresa e sua ambição de se tornar a melhor empresa da Coreia.
Do lado de fora, a empresa parecia ser um ótimo lugar para se trabalhar e um lugar invejável para se estar.

Entretanto, os funcionários internos viam um quadro diferente. Os executivos frequentemente estavam fora da cidade em viagens de negócios e a equipe administrativa interna passava a maior parte do tempo tentando disfarçar transações anormais como se fossem normais.

Um dia, Kim, um membro da equipe de gestão, recebe uma ligação do CFO, que está trabalhando em algo importante fora da empresa.
Kim: (telefone toca) Alô? Aqui é o líder da equipe Kim.
CFO: Sr. Kim, tenho um favor a lhe pedir. Preciso que o senhor retire 100 milhões de won em dinheiro do banco XX antes das 15:00 de hoje e aguarde.
Líder da equipe Kim: (curioso) O que está me pedindo?
CFO: (rapidamente) Preciso do dinheiro com urgência, portanto, não faça mais perguntas.
Sr. Kim: OK. Irei ao banco para sacar dinheiro e esperarei por você.

O Sr. Kim chega ao Banco XX e retira a quantia de dinheiro solicitada pelo CFO, 100 milhões de won. Ele conta cuidadosamente o dinheiro e o coloca em sua pasta.

Ele espera do lado de fora da entrada principal do banco pela chegada do carro do CFO. Depois de alguns instantes, o carro do CFO para e a porta se abre. O Sr. Kim entrega o dinheiro em segurança.

Um mês depois, o Líder de Equipe Kim está estressado porque não recebeu nenhuma documentação sobre o uso dos 100 milhões de won que entregou ao CFO. Ele vai ao escritório do CFO para resolver o problema.

Líder de equipe Kim: Sr. Diretor, preciso dos recibos dos 100 milhões de KRW em dinheiro que retirei há um mês. Quando o senhor pode me dar?

CFO: (nervoso) É seu trabalho organizar isso, por que tem que vir até mim?

Líder de equipe Kim: (confuso) Sr. Diretor, esses são fundos da empresa e eu preciso saber para que foram usados e a documentação de apoio para equilibrar os livros.

CFO: (irritado) Por que está me repreendendo dessa forma? É seu trabalho organizar os livros, e foi assim que todos os meus antecessores fizeram. O senhor é muito inflexível.

Sr. Kim: (com uma cara séria) É nosso trabalho organizar os fundos da empresa. Se eu não sei o que está acontecendo, como posso manter os livros?

CFO: (irritado) Se você não consegue fazer tanta contabilidade assim, como pode estar nessa posição? Você deve ser um funcionário muito incompetente.

Líder de equipe Kim: (calmamente) Estou determinado a fazer bem o meu trabalho e preciso da documentação de apoio para manter a saúde financeira e a transparência da empresa. Sua cooperação será muito apreciada.

O CFO rejeita o pedido de Kim, dizendo que isso depende de você. Menos de um mês depois, Tim é demitido da empresa.

Dessa forma, os fundos da empresa foram canalizados para os círculos empresariais, burocráticos e políticos para serem usados em interesses especiais. Dessa forma, os fundos da empresa foram desviados para lobistas, e funcionários como Kim não puderam desempenhar suas funções legítimas.

Para fazer passar transações não documentadas no valor de bilhões de won como legítimas, o pessoal de contabilidade e finanças tinha que manter contas segmentadas e manipular os saldos dos ativos de estoque, como matérias-primas, materiais subsidiários e produtos.

A necessidade de verificar a quantidade e o valor dos ativos de estoque por meio de contagens de estoque também levou a um número excepcionalmente alto de contagens de estoque em papel, bem como ao uso de grandes quantidades de recibos de caixa que eram aceitáveis dentro de uma determinada faixa de dólares.

A empresa chegou ao ponto de registrar funcionários fantasmas que não trabalhavam para a empresa e desviou custos trabalhistas, criando livros fictícios para fazer com que os números contábeis correspondessem aos reais.

Para pressionar os funcionários do governo, eles se divertiam em locais de lazer, como pousadas, e nas pousadas usavam nomes de comerciantes de cartões, como vendedores de eletrônicos e lojas de arroz, para disfarçar os cartões corporativos que usavam como transações normais.

Alguns executivos sem escrúpulos chegaram a desviar 30 milhões de won em descontos de cartões ao conspirar com funcionários de entretenimento para passar seus cartões corporativos como transações normais.

Embora os escândalos fossem pequenos em comparação com os grandes, como o escândalo de recrutamento no Japão e o escândalo contábil da Enron nos EUA, havia limites para o crescimento de empresas de pequeno e médio porte graças a esse tipo de lobby e fraude contábil.

Quando o governo mudava, os novos políticos eram novamente pressionados a se alinharem, e muitos envelopes eram enviados a jornalistas para elevar o perfil do CEO e da empresa.

Muita hospitalidade também foi dada aos contadores públicos certificados para manter a listagem da KOSDAQ na auditoria externa das empresas de contabilidade.

No entanto, devido ao endurecimento das regulamentações de auditoria externa, a auditoria da empresa de contabilidade resultou em uma opinião sem ressalvas, o que levou à exclusão da empresa do mercado da KOSDAQ.

A exclusão da KOSDAQ significava que a empresa não poderia mais usar os fundos dos investidores para levantar capital adicional. Para piorar a situação, uma investigação fiscal por apropriação indébita e um processo criminal por fundos de lobby gastos anteriormente em nome da empresa levaram à sua falência de fato.

O nome da empresa agora é uma lembrança distante, mas já foi tão proeminente que apareceu como um termo de pesquisa relacionado ao termo de pesquisa venture.

No entanto, embora a reputação da empresa fosse tal que muitos dos engenheiros que aprenderam seu ofício lá se tornaram bem-sucedidos e se orgulhavam de chamá-la de lar, a falta de gerenciamento prático da empresa, as táticas de pressão que ela empregava para sobreviver e a imoralidade de seus executivos, que abordavam esses subornos e favores com uma astúcia que não mudou com a mudança dos tempos e a crescente conscientização da ética e da moralidade na sociedade, encurtaram sua vida útil.

4. Um presidente coreano e um presidente coreano morando no Japão

Quando você trabalha com empréstimos em uma instituição financeira, às vezes acaba conhecendo algumas empresas estranhas. Muitas vezes, no início, você não sabe o motivo, mas depois visita a empresa ou conhece seu antecessor ou o diretor da empresa, e tudo faz sentido.

Isso aconteceu em 1997 na Coréia do Sul, quando o país estava em meio a uma crise cambial. Em Busan, a segunda cidade e o maior porto da Coreia do Sul, havia muitas empresas de reparo de navios de pequeno e médio porte, e essa empresa era uma delas.

Um conhecido meu, que na época trabalhava em uma instituição financeira em Busan, era responsável pelos empréstimos, e uma das empresas com as quais ele lidava estava sempre atrasada em seus pagamentos.

Quando ele entrou na empresa, seu antecessor lhe disse que não adiantava lembrá-los de pagar e que, se ele esperasse muito tempo, um dia eles se recuperariam e lhe pagariam todo o capital em atraso.

Curioso para saber do que se tratava, ele decidiu visitar a empresa logo após sua chegada.

Havia um prédio comercial ao lado do prédio da fábrica em ruínas, e nele havia escritórios administrativos, incluindo o escritório do CEO e os escritórios dos executivos. Conheci a presidente da empresa no escritório do CEO e minha primeira impressão foi que ela era uma mulher muito bonita, na faixa dos 40 anos, com cabelos longos e maquiagem pesada.

Ela não parecia ter levado uma vida normal e não disse muito além de um cumprimento formal, então me senti intimidado e saí rapidamente da sala do CEO depois de uma rápida xícara de café.

No escritório do CFO, conversei com ele sobre negócios e conheci a história da criação da empresa.

O CFO da empresa é o irmão mais novo do CEO e foi nomeado CFO logo após a fundação da empresa. Ele me disse que nunca havia trabalhado com finanças, mas que o presidente da empresa não confiava nele e o colocou no comando porque era um parente de confiança.

Ele me disse que há um homem de meia-idade que não é oficialmente casado, mas que visita a Coréia a cada dois meses. Na empresa, ele é chamado de presidente e, quando o visita, todos os empréstimos atrasados da empresa são pagos.

Embora o CFO não tenha dito isso, mais tarde ele ouviu um boato de que a senhora era uma conhecida madame do setor de entretenimento e que o presidente era um empresário coreano radicado no Japão que tinha sucesso na venda de máquinas de jogos no Japão e que às vezes visitava Busan para tomar um drinque no salão onde a senhora trabalhava porque sentia falta de sua casa na Coreia.

Ele queria um lugar na Coreia que pudesse chamar de seu, como uma casa de férias, e ela precisava de um emprego do qual pudesse se gabar para quem quisesse ouvir.
Seus interesses coincidiram, e ela fundou uma empresa em Busan cujo negócio principal era o reparo de navios, e o presidente financiou pessoalmente sua criação e operação. Quando o presidente visitava a Coreia, ele se hospedava na casa dela e depois voltava para o Japão.

Entretanto, como nunca havia administrado uma empresa antes, ele não sabia como gerenciar seu negócio principal, que é o reparo de navios, e tem administrado a fábrica recebendo pedidos ocasionais de reparos de alguns armadores que eram antigos clientes. Entretanto, devido à sua tendência de gastar muito, a empresa sempre esteve no vermelho e o déficit foi coberto por empréstimos de instituições financeiras e pelos fundos pessoais do presidente.

A incapacidade da empresa de tornar seu negócio principal lucrativo e suas perdas contínuas levaram a uma crise em 1997, quando a economia sul-coreana entrou em recessão devido a uma crise cambial. Apesar das constantes inadimplências, a empresa conseguiu pagar todo o capital em atraso após um período de 2 a 3 meses.

No entanto, o fluxo de caixa incomum não poderia durar para sempre e, após cerca de um ano, a empresa acabou indo à falência.

Embora a falência da empresa tenha sido causada, em última análise, pela lentidão de seu negócio principal, o reparo de navios, um fator importante foi o uso de fundos pessoais pelo presidente e pelo CFO da empresa, que não distinguiram entre os fundos da empresa e os fundos pessoais, e a resolução do relacionamento de coabitação difícil entre o presidente e o presidente.

A situação financeira da empresa estava piorando cada vez mais, mas o presidente e o diretor financeiro, que usavam os fundos da empresa de forma privada, exigiam cada vez mais dinheiro toda vez que o presidente visitava a Coreia e, com o passar do tempo, o presidente, sobrecarregado por suas exigências financeiras excessivas, não queria mais continuar o financiamento e o relacionamento, e o destino da empresa era a falência.

5. um bar de vinhos com uma proprietária mulher

Gostaria de contar outra história sobre outro presidente.
Havia um japonês que trabalhou em fábricas desde muito jovem no Japão e foi engenheiro a vida toda. Ele se tornou presidente de uma fábrica de reciclagem de sucata e aproveitou uma oportunidade de negócios na Coreia por acaso.

Quando montou sua empresa na Coreia e contratou funcionários para fazer a contabilidade, a escrituração e outras tarefas administrativas, ele contratou uma mulher de personalidade forte que havia se formado na escola de música de uma prestigiada universidade coreana. Ela era fluente em japonês e não teve problemas para se comunicar com o presidente japonês e, embora fosse formada em música, conseguiu desempenhar suas funções sem muita dificuldade com a ajuda de consultores externos no início da empresa.

O chefe japonês, que viajava entre o Japão e a Coreia para gerenciar as duas empresas, começou a contar com ela para trabalhos relacionados à empresa coreana, e eles desenvolveram um relacionamento próximo, não apenas nos negócios, mas também em questões pessoais.

O relacionamento entre eles evoluiu de subordinados para parceiros pessoais, para parceiros gerentes com uma empresa na Coreia e outra no Japão, e o chefe japonês delegou à mulher a administração da empresa coreana.

Ela se tornou a gerente geral da empresa coreana e, quando o presidente japonês viajava para a Coreia, muitas vezes ela se hospedava na casa dele em vez de na empresa.
A funcionária conseguiu convencer o presidente japonês a trocar suas ações pelas dela, argumentando que o crescimento da empresa era prejudicado pelas limitações de ser uma empresa com investimento estrangeiro e que ela agora era a proprietária e presidente da empresa coreana.

Havia um executivo encarregado da administração, mas ela desconfiava das pessoas, então nomeou seu irmão mais novo como diretor financeiro e começou a transformar a empresa em seu império.
O negócio de sucata era um setor de dispositivos que exigia equipamentos de grande escala, sem custos significativos além das taxas de coleta.

No entanto, a empresa já havia investido em ativos fixos até certo ponto, portanto, não havia ônus adicional de investimento de capital, e a empresa era lucrativa porque coletava sucata de um complexo industrial próximo e a transformava em novos metais.

A situação comercial da empresa, que havia sido consolidada pelo sistema de investimento de capital, pela linha de vendas e pelo sistema de gerenciamento estabelecidos pelo presidente japonês, aumentou as vendas e os lucros líquidos à medida que os preços internacionais das matérias-primas, como os metais, subiam.

À medida que o período de investimento se arrastava, os investidores que haviam investido na empresa desde a criação da corporação coreana do presidente japonês queriam recuperar seus fundos de investimento, e a Sra. Yeo, sobrecarregada pela existência dos primeiros investidores, planejou um cenário no qual eles teriam a oportunidade de recuperar seu investimento por meio da listagem na KOSDAQ e os primeiros investidores seriam substituídos.

Ele preparou a listagem no mercado KOSDAQ com a intenção de criar oportunidades de recuperação para os investidores externos. Após mais de um ano de preparativos para obter o título de empresa listada, designando uma empresa de valores mobiliários como empresa líder, recebemos a notificação de que havíamos sido aprovados no exame preliminar da empresa líder de valores mobiliários que conduzia o exame da KOSDAQ.

Durante a preparação para a listagem na KOSDAQ, ela e seu irmão, o CFO, criaram um sistema fechado para os fundos da empresa e começaram a usar os fundos da empresa para uso pessoal. No entanto, ninguém sabia exatamente o que eles faziam com o dinheiro da empresa porque isso era feito secretamente por meio de um sistema fechado.

Durante uma reunião com amigos em Seul, ele ficou sabendo que os bares de vinho estavam na moda em Gangnam.
A demanda por vinhos finos havia aumentado e o mercado estava crescendo com bares de vinhos de luxo em Gangnam, Seul, com interiores sofisticados que faziam com que os clientes se sentissem parte da classe alta enquanto bebiam vinhos finos.

Ela havia construído seu próprio império dentro da empresa graças ao seu relacionamento com o chefe japonês, mas estava preocupada que seu império deixasse de existir se seu relacionamento com o chefe japonês terminasse, por isso estava animada para abrir um bar de vinhos em Gangnam, Seul.

Junto com seu irmão mais novo, que é diretor financeiro, ele trabalhou duro para construir um bar de vinhos com fundos privados e 100% do capital da empresa em seu nome, e o abriu em Gangnam como uma sociedade anônima com a ambição de abrir o capital no futuro. Quando a empresa recebeu a notícia de que havia passado no exame preliminar para ser listada na KOSDAQ, ela organizou um evento de comemoração no bar de vinhos.

Os investidores da empresa e muitos de seus clientes se reuniram para parabenizá-la pelo sucesso e para admirar o luxuoso interior do bar de vinhos, que havia custado uma fortuna.

O velho ditado: "Coisas boas sempre vão mal" não está errado. A proliferação de bares de vinho em Gangnam começou a atrapalhar os negócios dos bares de vinho vizinhos, e alguns até contrataram pessoas para acompanhar todos os seus movimentos.

Havia muitas pessoas que tinham inveja de seu sucesso, pessoas que sofreram muito com seu sucesso e pessoas que não queriam que ele tivesse sucesso porque ele havia feito muitos inimigos em sua vida.

A primeira coisa que fizeram foi escrever para as autoridades de avaliação da KOSDAQ. Como uma empresa listada na KOSDAQ, a carta afirmava que o bar de vinhos estava violando as regras para manter a decência e as boas maneiras. Entretanto, era difícil reconhecer o conteúdo da carta como verdadeiro porque o bar de vinhos não se enquadrava em atividades comerciais proibidas, como outros estabelecimentos de entretenimento ou a indústria química.

No entanto, ele veio de um lugar inesperado. Reconhecendo que o bar de vinhos era uma sociedade anônima e uma empresa relacionada ao CEO da empresa que passou no exame preliminar da KOSDAQ, a agência de exames da KOSDAQ invalidou o exame preliminar da KOSDAQ, citando uma violação dos regulamentos que exigem que as empresas forneçam todas as informações sobre suas empresas relacionadas ao solicitar o registro na KOSDAQ.

Na época em que a CEO estava construindo o bar de vinhos, apenas seu irmão, que era o CFO, e a CEO sabiam da existência do bar de vinhos devido ao seu sistema fechado de gestão de fundos, e os funcionários que estavam preparando a listagem da KOSDAQ não sabiam da existência do bar de vinhos, por isso não incluíram o bar de vinhos na lista de empresas afiliadas.

No final, a listagem foi rejeitada pelo motivo ridículo de não apresentar a lista de empresas afiliadas, e os planos da empresa de ganhar fama e fortuna com a listagem na KOSDAQ foram por água abaixo.

Os investidores, que estavam animados com a aprovação no exame preliminar da KOSDAQ, ficaram muito decepcionados com a inesperada rejeição da listagem na KOSDAQ e ficaram indignados ao saber que a causa da rejeição era o bar de vinhos que ela havia construído. Eles entraram em contato com o presidente japonês e solicitaram a substituição do CEO e a devolução de seu investimento, e o presidente japonês viajou para a Coreia para resolver a situação.

Quando o presidente japonês visitou a Coreia, a gerência da empresa acusou o presidente de desfalque e apropriação indébita, e o relacionamento próximo do presidente japonês com o presidente terminou.

Os investidores a acusaram de desvio de fundos, traição e outras acusações, e ela se envolveu em um processo criminal, deixando seu império nas mãos de outros.

As linhas de negócios e as instalações que a presidente japonesa havia construído na Coreia passaram para as mãos de outras pessoas devido à sua ganância e ao desfalque pessoal.

6. Lobistas e mafiosos, onde eles terminam?

O filho do Sr. Kang e seu aprendiz, o Sr. Cho, estavam sempre ao seu lado, pois ele era reconhecido como um mestre artesão na Coreia. O Sr. Cho aprendeu o ofício com o Sr. Kang ainda jovem e se tornou tão habilidoso quanto seu mentor, enquanto o filho do Sr. Kang, embora mais jovem que o Sr. Cho, teve aulas de administração na empresa com a intenção de assumir o lugar do pai.

Antes de morrer, o Sr. Kang, um mestre artesão, pediu a seu filho que se tornasse o CEO da empresa e lhe deu 60% das ações. O filho do Sr. Kang recebeu 40% das ações e foi convidado a administrar a empresa como diretor.

Depois que o Sr. Kang faleceu após uma longa doença, seu filho, o Sr. Kang, e seu faz-tudo, o Sr. Cho, mergulharam no negócio e o transformaram em uma empresa com uma receita de 3 bilhões de won (cerca de US$ 2,2 milhões). No entanto, devido à natureza do negócio, que exige negócios estatais das autoridades coreanas, eles precisavam de poder de venda.

O Sr. Cho, que era mais velho e tinha mais experiência e conhecimento do que o Sr. Kang, que era diretor, tinha uma vantagem sobre o Sr. Kang nas atividades de vendas, o que reduziu a posição do Sr. Kang na empresa. Após a morte do Sr. Kang, um mestre artesão, a empresa foi dividida entre seu filho, o Sr. Kang, e o Sr. Cho, um aprendiz e gerente geral, e o Sr. Kang não era páreo para o Sr. Cho em nenhum aspecto.

Mesmo dentro da empresa, havia muitas brigas internas entre os que seguiam o Sr. Kang e os que seguiam o Sr. Cho, e cada lado mantinha o outro à distância e era mesquinho ao elogiar as realizações do outro.

Um dos seguidores do Sr. Cho era muito talentoso em ciência da computação e, certa vez, desenvolveu um ótimo sistema usando uma linguagem desenvolvida pela Microsoft e fez uma demonstração.

Todos na demonstração elogiaram suas habilidades de programação e disseram que era um sistema que beneficiaria a empresa, mas o Sr. Kang, que era diretor da empresa na época, recusou-se a reconhecer suas habilidades de programação, dizendo que Bill Gates havia feito um ótimo trabalho.

O Sr. Cho, CEO, achou que o Sr. Kang não era útil para o desenvolvimento da empresa, dadas suas habilidades como diretor e suas contribuições para a empresa, e que sua participação acionária de 40% estava interferindo nas decisões de negócios do Sr. Cho, então ele decidiu remover a participação acionária do Sr. Kang e expulsá-lo da empresa.

Ele e seus seguidores começaram a procurar pontos fracos em Kang e perceberam que Kang estava fazendo outras coisas na empresa que não estavam relacionadas aos negócios da empresa.
De acordo com as regras internas da empresa, era motivo de ação disciplinar se alguém fizesse algo não relacionado aos negócios da empresa.

A posição do Sr. Kang na empresa estava enfraquecendo e ele estava pensando em outro negócio como um plano de contingência e estava coletando dados para esse negócio durante o horário de trabalho.
Para reunir provas, o pessoal do Sr. Cho instalou um programa de vigilância no computador do Sr. Kang durante o período em que o Sr. Cho ligava para o Sr.

Kang para discutir longamente os negócios da empresa. O programa captura a tela sempre que a tela do computador do Sr. Kang muda e a envia para outro computador ou servidor.

A instalação do programa deixou claro para o pessoal do Sr. Cho que o Sr. Kang estava trabalhando em outros projetos, e eles salvaram as telas capturadas e as mantiveram em um pen drive.
Um dia, o Sr. Cho chamou o Sr. Kang para ir à fábrica no final da tarde e, quando o Sr. Kang chegou à fábrica, havia cinco ou seis bandidos corpulentos lá dentro com o Sr. Cho.
O Sr. Cho entregou ao Sr. Kang um pen drive que gravava a tela do computador que o Sr. Kang estava pesquisando para planejar outro negócio.

Tenho provas aqui de que o senhor tem feito coisas na empresa que não estão relacionadas aos negócios da empresa, o que acho que não deveria fazer como diretor da empresa, e o negócio que está planejando é um negócio que pode competir com esta empresa, o que também pode ser visto como um ato de traição contra a empresa. Portanto, acredito que você não está qualificado para ser diretor desta empresa e deve ser punido.

Se você transferir toda a sua participação acionária de 40% na empresa para mim e renunciar discretamente ao cargo de diretor desta empresa, considerarei isso uma renúncia honrosa ao cargo de diretor e manterei suas ações em segredo. No entanto, se rejeitar minha oferta, você não apenas será privado de tudo, mas também terá de assumir várias responsabilidades legais.

O Sr. Kang, que era vulnerável ao comportamento atípico do Sr. Cho, incluindo sua forte coerção e a criação de uma atmosfera de medo por parte dos robustos capangas, disse que concordaria com a proposta do Sr. Cho, e a disputa administrativa entre os dois terminou com a vitória do Sr. Cho, que adquiriu 40% das ações do Sr. Kang.

O Sr. Kang, moreno e frágil, não foi mais trabalhar, e ninguém na empresa sabia de seu paradeiro.

O Sr. Cho, tendo alcançado a ditadura com a qual sonhava, nomeou seus seguidores para cargos importantes na empresa e expulsou os seguidores do Sr. Kang da empresa.

Ele acreditava que o lobby era essencial para que a empresa aumentasse as vendas e, para isso, precisava de fundos não estatais.

Os fundos das vendas normais da empresa eram respaldados por documentos legais, e era difícil gerar os fundos não recorrentes necessários para o lobby.
No entanto, os serviços pós-venda, como manutenção, instalação e serviço pós-venda, geralmente eram realizados sem documentação, e os técnicos geralmente eram pagos em dinheiro, de modo que os detalhes exatos das transações eram muitas vezes desconhecidos. O Sr. Cho decidiu usar os fundos gerados por essas transações como um fundo de reserva.

Quando os técnicos visitavam os fornecedores para instalação, manutenção e serviço pós-venda, eles eram instruídos a coletar dinheiro e guardá-lo em um cofre, que era então usado para fazer lobby em projetos encomendados por órgãos governamentais.

Graças a esses fundos de lobby, as receitas da empresa aumentaram em relação ao ano anterior, e a empresa parecia estar crescendo de forma constante. No entanto, o tratamento dos técnicos era ruim e o comportamento ditatorial e as instruções autoritárias do Sr. Cho estavam ficando cada vez piores. Ele não dava valor ao trabalho e ao esforço deles e era mesquinho ao recompensá-los pelo que valiam.

Ele não confiava em seus funcionários e, quando tinha um funcionário suspeito, muitas vezes resolvia suas suspeitas pedindo a um funcionário próximo que falasse com o funcionário do lado de fora e depois verificava o computador do funcionário para investigar.
A insatisfação dos funcionários com o comportamento do Sr. Cho, que frequentemente saía para beber com eles, aumentou.

Além disso, houve mais casos de funcionários que chegaram atrasados ao trabalho ou se ausentaram sem autorização porque estavam bêbados. Com a escassez de técnicos, as ausências ou atrasos de um técnico colocavam muita pressão sobre os outros técnicos, e o Sr. Cho, que não pôde deixar de notar, demitiu o Sr. Choi por estar bêbado e atrasado para o trabalho.

O Sr. Choi, o técnico que se atrasou para o trabalho naquele dia, tentou argumentar com ele que aquilo era demais, mas o Sr. Choi, o gerente geral, não cedeu.

A demissão de seu emprego, que ele considerava uma carreira para toda a vida, deixou o Sr. Choi com um profundo sentimento de mágoa e ressentimento e, em uma festa para beber com outros técnicos, ele confessou seu ressentimento em relação ao gerente geral e jurou se vingar do Sr. Choi.

Depois de ouvir seus pensamentos vingativos, outro técnico foi para casa e disse à sua esposa, que era responsável pela contabilidade, como se vingar do Sr. Choi coletando dados sobre as contas de memorando da empresa e pedindo que o departamento fiscal investigasse.

O técnico, que achava que esse era um plano de vingança razoável, disse ao Sr. Choi, que também estava determinado a se vingar, como fazê-lo, e o Sr. Choi correu para a repartição de finanças para coletar a quantia em dinheiro que ele havia recebido de viagens de negócios fora da empresa e transferido para o fundo offshore, bem como os documentos e as evidências de apoio.

O Sr. Choi se reuniu com um representante por meio do escritório de reclamações do fisco local, mas estava nervoso e com as mãos trêmulas, indicando que se sentia pressionado a fazer a denúncia.

Funcionário do fisco: Por que o senhor está aqui?

Sr. Choi: Quero solicitar uma investigação fiscal.

Funcionário da Receita: O senhor poderia nos dizer o nome da sua empresa e o motivo da sua solicitação?

Sr. Choi: (tremendo) O nome da empresa é XXXX, e o motivo é evasão fiscal.

Agente fiscal: Que tipo de evasão fiscal é essa?

Sr. Choi: (tremendo muito) Se essa empresa for investigada, eles saberão quem são os outros denunciantes como eu?

Funcionário da Receita Federal: Não, fique tranquilo, pois garantiremos que a empresa nunca saberá sua identidade ou seus dados pessoais.

Sr. Choi: OK, obrigado então. Sr. Choi: Fui pago em dinheiro pelas vendas do meu cliente sem nenhuma documentação e trouxe isso para a empresa. (Segura uma pilha de papéis) E esta é a evidência para provar isso.

IRS: Sim, se a investigação fiscal baseada nesses documentos se mostrar verdadeira, o valor da evasão fiscal será cobrado e você receberá uma recompensa de aproximadamente 2% do valor da evasão fiscal.

É comum que uma investigação fiscal envie um documento para a empresa a ser investigada com antecedência, informando-a sobre o momento da investigação fiscal e o número de pessoas envolvidas, mas, nos casos em que há suspeitas de ilegalidade, ela é inesperada e sem aviso prévio.

Além disso, quando a repartição de finanças recebe um pedido de investigação, ela verifica o histórico de transações das contas bancárias do proprietário e de seus familiares, até o oitavo primo, e investiga antecipadamente as transações suspeitas de vendas perdidas e evasão fiscal, e visita a empresa suspeita de evasão fiscal com os dados que calculam o valor estimado da evasão fiscal.

Dois homens de terno chegam ao escritório administrativo da empresa em uma de suas fábricas. Um deles se dirige ao Sr. Cho, o CEO, que está mais distante da porta, enquanto o outro fica perto da porta.

O homem que se dirige a Cho pega um documento, empurra Cho e diz: "Você é o chefe, certo?

Você é o chefe, não é? Vou conduzir uma investigação fiscal aleatória a partir de agora. Quem é o diretor financeiro e a equipe responsável pela escrituração e contabilidade?

O homem que estava perto da porta da frente foi até o computador do funcionário responsável pela contabilidade e escrituração contábil e começou a copiar materiais para o computador.

Aproximando-se do Sr. Cho, o diretor financeiro, o homem entregou ao Sr. Cho uma cópia das transações bancárias que ele havia investigado anteriormente contra os parentes do Sr. Cho e disse-lhe que suspeitava de vendas perdidas e evasão fiscal.

Com base em nossa análise preliminar, suspeitamos de evasão fiscal de cerca de 1,2 bilhão de won (cerca de US$ 900.000), e esta é a prova. Por favor, verifique e envie os documentos comprobatórios para nosso escritório fiscal.

Com medo de serem revistados e terem seus livros levados, os funcionários restantes jogaram pela janela documentos que poderiam ser considerados livros, sem que a equipe do escritório fiscal soubesse. Embora alegassem estar agindo no interesse da empresa, os funcionários do departamento fiscal não levaram os documentos e pareciam convencidos das acusações de evasão fiscal.

Coube aos contadores públicos certificados e à equipe administrativa com conhecimentos de informática da empresa de contabilidade extrair dados que pudessem se relacionar com a compra e demonstrar que a empresa não estava sujeita a evasão fiscal ou a vendas perdidas. Como resultado de seus esforços, o valor do imposto cobrado foi reduzido para cerca de 1 bilhão de won (cerca de US$ 750.000), que foi pago em parcelas ao longo de dois ou três anos, levando em conta a situação financeira da empresa.

Quando a empresa recebeu repentinamente uma fatura fiscal de 1 bilhão de won, a maioria dos funcionários pensou que o destino da empresa estava traçado.

Depois de mais de um ano, a empresa declarou falência e Cho renunciou ao cargo de CEO.

Mas Cho acreditava que a investigação fiscal havia destruído seu negócio e desconfiava de Choi, que havia sido demitido da empresa quase ao mesmo tempo que um cliente por causa da investigação fiscal.

Por meio de seus contatos no setor, Choi conseguiu colocá-lo em uma lista negra e impedi-lo de conseguir um emprego no setor, de modo que Choi foi forçado a mudar de setor.

7. Sr. Presidente, temos que distinguir entre negócios públicos e privados, não é mesmo?

O Sr. Han passou a vida como técnico, operando máquinas em fábricas gordurosas, desde que era criança. Ele era conhecido por seu caráter afável e alcoólatra, e tinha muitos amigos íntimos. Um dia, ele decidiu deixar o emprego e montar sua própria empresa de manufatura, e contratou alguns dos jovens com quem costumava trabalhar como funcionários. O relacionamento com eles sempre foi bom, pois Han era conhecido por sua bondade.

Entretanto, quando seus funcionários precisavam de dinheiro, costumavam lhe pedir um adiantamento em vez de esperar pelo pagamento. Eles lhe pediam quantias em dinheiro como 1 milhão de won (cerca de US$ 750) ou 500.000 won (cerca de US$ 370) para pagar as contas hospitalares de seus pais ou as mensalidades escolares de sua família. Embora o Sr. Han fosse o presidente da empresa, eles enfatizavam seu relacionamento pessoal usando o título de irmão mais velho.

Kim, que também o chamava de irmão mais velho, pediu-lhe um adicional de 5.000.000 won (cerca de US$ 3.700) para pagar as contas médicas de sua mãe. A empresa era pequena e não tinha os benefícios habituais, como um sistema de previdência social, mas não havia nenhuma regra que dissesse que ele não precisava devolver o dinheiro.

Sr. Kim: Irmão, quero falar com o senhor sobre a conta do hospital da minha mãe.
Sr. Han: O que é isso? Como está a saúde de sua mãe?
Sr. Kim: Irmão, há uma situação em que minha mãe precisa ser hospitalizada e nossa família não tem condições de cobrir as despesas, por isso gostaria de solicitar um subsídio.
Sr. Han: É uma pena, quanto custará o tratamento de sua mãe?

Sr. Kim: Espera-se que seja em torno de 5 milhões de won (aproximadamente US$ 3.700). Minha família acha que é melhor que minha mãe se recupere logo, e seria de grande ajuda se o senhor pudesse financiar o tratamento.
Sr. Han: (Chama o Sr. Lee, o contador) Retire 5.000.000 won do banco e dê 5.000.000 won para a Sra. Kim aqui.
Sr. Lee: Sr. Presidente, precisamos revisar os procedimentos e os detalhes e ter uma discussão interna.
Sr. Han: O CEO aprova e me instrui, portanto, não preciso de procedimentos e detalhes. Basta retirar o dinheiro do banco e entregá-lo à Sra. Kim.

Ansioso para manter um bom relacionamento com seus antigos conhecidos, o Sr. Han não podia recusar suas exigências e sempre os pagava, apesar da insistência deles. O problema, entretanto, é que esse dinheiro não pertence a ele, mas à empresa.

Depois de um ano com esse comportamento, a empresa não tinha ideia de quanto dinheiro devia aos funcionários porque não tinha pessoal suficiente e a transferência muitas vezes não era feita corretamente.

À medida que a empresa crescia, o CFO recém-nomeado comparou o valor contábil real com o declarado às autoridades fiscais e descobriu uma diferença de cerca de 200 milhões de won, que ele informou ao CEO Han.

No entanto, o Sr. Han disse que não estava claro quem deveria receber o valor do pagamento que vinha se acumulando há muito tempo e como ele poderia recebê-lo agora, então ele disse que se certificaria de que isso não aconteceria no futuro e reduziria a diferença entre os livros reais e os livros.

O novo CFO, que usou técnicas tradicionais de contabilidade por segmentos para reconciliar a discrepância de 200 milhões de won (cerca de US$ 150.000), conseguiu fechar a lacuna depois de mais de um ano de trabalho por meio de mudanças nos ativos de estoque, despesas trabalhistas de funcionários que não trabalhavam e recebimento de renda em dinheiro elegível para impostos.

No entanto, as reclamações dos funcionários e as exigências de pagamento continuaram, e a diferença com os livros contábeis reais aumentou para cerca de

100 milhões de won (aproximadamente US$ 75.000). Além disso, a capacidade de trabalho dos funcionários contratados a pedido de conhecidos externos era um problema.

Em um caso, uma funcionária foi contratada para o departamento de administração, que alegou ser filha de um conhecido, mas acabou se revelando uma freira de uma seita budista. O problema era que ela havia passado mais de uma década vivendo nas montanhas, isolada da sociedade, e não conseguia usar um computador ou operar máquinas básicas, como um caixa eletrônico.

Quando ia ao banco para sacar dinheiro, voltava de mãos vazias porque não sabia como operar o caixa eletrônico, e seu computador travava depois de ser iniciado porque ela manuseava mal o teclado. Devido à escassez de mão de obra da empresa, não foi possível oferecer treinamento adequado, de modo que elas foram demitidas da empresa após três meses de treinamento de adaptação social.

Em um caso, dois trabalhadores vietnamitas foram trazidos usando o sistema de apoio à mão de obra do sudeste asiático do mesmo setor para suprir a falta de mão de obra, mas um técnico coreano próximo ao Sr. Han, o gerente geral, os agrediu.

Quando os trabalhadores vietnamitas chegaram à Coreia vindos do Vietnã, eles não estavam se alimentando bem porque a comida fornecida pela empresa coreana não agradava a eles, então um técnico coreano os levou para o quintal da fábrica e os espancou. Quando as pessoas lhe perguntaram o motivo da agressão, o técnico coreano disse que os trabalhadores vietnamitas não haviam comido de propósito. Ele alegou que eles estavam muito fracos para trabalhar porque não haviam comido e presumiu que não comeriam.

Ele justificou sua agressão dizendo que havia trabalhado com trabalhadores do sudeste asiático no passado e que eles faziam muito trabalho dessa forma, alegando que a ideia era receber um salário sem fazer nenhum trabalho.

Em resposta a esse incidente, o Sr. Han, o gerente geral, não tomou nenhuma medida, como disciplina interna ou denúncia, alegando que poderia haver vários conflitos entre os funcionários enquanto trabalhavam na fábrica e que o técnico coreano que o agrediu estava fazendo isso para o bem da empresa e deveria ser enterrado.

No entanto, os dois trabalhadores vietnamitas agredidos ficaram desapontados com a resposta morna da empresa e desapareceram na mesma noite.

O Sr. Han, que tinha a reputação de ser uma boa pessoa no setor industrial, começou a aumentar as vendas da empresa por meio de atividades de vendas ativas e adquiriu uma pequena empresa com 9 a 10 funcionários para garantir mais capacidade de produção.

Após a aquisição, a empresa realizou um jantar para dar as boas-vindas aos novos funcionários e harmonizar-se com os funcionários existentes. Após o trabalho, cerca de 20 pessoas, incluindo cerca de 10 funcionários existentes e 10 funcionários da empresa recém-adquirida, estavam grelhando carne e bebendo soju em um restaurante próximo à fábrica.

Um dos funcionários atuais e um dos funcionários da empresa recém-adquirida começaram a discutir, mas ninguém conseguiu impedi-los, e a atmosfera ficou inesperadamente tensa.

De repente, o novo funcionário ficou furioso e lhe deu um soco, fazendo com que o corpo do ex-funcionário se inclinasse para um lado e caísse sobre a grelha onde a carne estava sendo grelhada. O fogo se espalhou pelas costas do funcionário caído, e as pessoas correram para ajudá-lo a se levantar, mas suas costas já estavam queimadas.

Após a falta de provocação de um novo funcionário, um dos funcionários atuais se vingou e esfaqueou o agressor com uma tesoura que ele havia preparado para cortar a carne, deixando dois feridos.

Em meio ao caos, funcionários sóbrios entraram em contato com um hospital próximo e chamaram uma ambulância, e o CEO e o CFO tiveram que correr para o hospital nas primeiras horas da manhã para investigar o incidente.

As vítimas exigiram veementemente que o outro funcionário fosse punido e processado criminalmente, e que a indenização fosse paga pelo programa de indenização de trabalhadores segurado pelo estado.

No entanto, o gerente geral, que priorizou a proximidade e o vínculo com os funcionários existentes em vez de abordar as circunstâncias e as causas do incidente, resolveu o caso aceitando as reivindicações dos funcionários existentes em detrimento das dos funcionários recém-contratados.

Em resposta, a maioria dos funcionários da nova empresa foi embora e, embora a empresa tenha adquirido uma empresa menor no mesmo setor, não conseguiu manter os principais tecnólogos.

Desapontado com o fato de o Sr. Han priorizar seus ex-funcionários, o CFO deixou a empresa.

Com o êxodo acelerado das pessoas necessárias para o crescimento e desenvolvimento da empresa, a empresa ficou com apenas alguns funcionários próximos ao Sr. Han. Muitas das novas contratações não duraram muito tempo devido a conflitos com os funcionários existentes, e a empresa ficou conhecida por ter uma das maiores taxas de rotatividade no parque industrial próximo.

Devido à escassez crônica de técnicos, a empresa frequentemente não cumpria os prazos de entrega em comparação com as vendas ativas, e a falta de controle do Sr. Han sobre seus funcionários levou a uma séria saída de fundos, e a empresa parou de crescer e começou a declinar.

Como subcontratada de grandes empresas, a empresa estava recebendo muito trabalho, mas muitas vezes não conseguia cumprir os prazos devido à falta de técnicos e estava na lista negra do setor.
Sem novos funcionários para liderar a empresa no futuro e com uma situação financeira em deterioração, o Sr. Han declarou falência e renunciou ao cargo de CEO.

Embora o Sr. Han não tenha desviado fundos pessoalmente e tenha trabalhado arduamente como CEO, seus funcionários juniores, que ele valorizava, se aproveitaram dele e, quando a situação da empresa piorou, optaram por ir embora para outras empresas para ganhar a vida.

Apesar da boa vontade do Sr. Han, seus funcionários juniores, que o culpavam pela falência da empresa, nunca mais voltaram para ele.

8 Investimento fracassado em uma entidade estrangeira

Na Coreia, há um ditado que diz que se seu primo comprar terras, seu estômago vai doer.

Quando alguém que você vê como concorrente é bem-sucedido, você sente que precisa ter o mesmo sucesso, e isso pode levar a investimentos excessivos. Isso também pode levar a decisões emocionais.

Quando o Sr. Chun, um empreendedor que se fez sozinho, viu que o Sr. Hong, que ele considerava um concorrente em termos de tamanho do negócio, havia construído um grande edifício no Vietnã e aparecido na mídia, ele ficou ambicioso para alcançar o mesmo sucesso por meio de seus negócios no Vietnã.

Houve uma época em que a Coreia do Sul investiu pesadamente no Vietnã com a ilusão de sucesso. Quando os resultados práticos do investimento na China não produziram os resultados que as empresas coreanas esperavam, devido a restrições à repatriação de lucros, regulamentações mais rígidas sobre os trabalhadores, custos de mão de obra mais altos e o endurecimento das restrições do governo chinês às empresas estrangeiras, o Vietnã se tornou uma alternativa popular.

Em particular, o Vietnã é um país confucionista com um histórico cultural semelhante ao da Coreia, e o alto crescimento do Vietnã foi considerado semelhante ao alto crescimento da Coreia nas décadas de 1970 e 1980. Tendo vivenciado o processo de crescimento na Coreia nas décadas de 1970 e 1980, eles pensaram que, se pudessem aplicar sua experiência passada na Coreia ao Vietnã, poderiam obter grande sucesso.

Se a experiência coreana fosse replicada no Vietnã, eles achavam que aqueles que passaram por esse período saberiam como reduzir o risco investindo no futuro do Vietnã.

No entanto, também havia incerteza quanto ao momento em que a repatriação e a distribuição dos lucros obtidos por entidades estrangeiras seriam restringidas ou regulamentadas, como as restrições impostas pelo governo da Malásia às remessas de dinheiro para estrangeiros por negligência durante a crise cambial de 1997 que atingiu o Sudeste Asiático, incluindo Tailândia, Indonésia, Malásia e Filipinas.

No Vietnã, o risco político era ainda maior, pois o país continua sendo uma economia estatal, com o Partido Comunista ainda no poder.

Inspirado pelo sucesso do Sr. Hong no Vietnã, o Sr. Chun começou imediatamente a procurar oportunidades de investimento no país e foi apresentado a uma empresa de propriedade coreana. No entanto, as restrições cada vez mais rigorosas do Vietnã em relação ao investimento estrangeiro forçaram o Sr. Cheon a seguir um caminho sem volta, criando uma empresa de papel e usando uma entidade de Cingapura para contornar as restrições.

Sem nenhuma experiência anterior em investimentos no exterior, Chun criou uma empresa de papel em Cingapura com uma empresa de consultoria que cuidou da incorporação em Cingapura e assinou um contrato para adquirir a empresa vietnamita por meio dela.
Entretanto, a revisão da mudança do acionista majoritário e das licenças no Vietnã não foi aprovada por mais de um ano e, enquanto isso, os custos fixos da entidade de Cingapura continuaram a ser incorridos.

Depois de um ano e meio, o processo administrativo no Vietnã foi concluído e o Sr. Chun, que não tinha condições financeiras de enviar funcionários para as operações vietnamitas, foi deixado no comando da empresa pelo sul-coreano que a havia vendido para ele.

Embora o custo da mão de obra dos trabalhadores vietnamitas fosse consideravelmente menor do que na Coreia, esse custo menor não podia ser aplicado aos coreanos que trabalhavam no Vietnã, e o CEO coreano teve que pagar quase metade do custo da mão de obra da empresa vietnamita. Além disso, a empresa teve de pagar pela moradia e outras despesas do CEO.

Entretanto, não havia alternativa, pois era muito mais barato do que enviar outro coreano para o Vietnã ou nomear um empresário coreano como CEO no Vietnã.

O empresário coreano havia vendido a empresa quando ela se tornou não lucrativa e incapaz de criar uma visão para o futuro, então ele a vendeu para recuperar seu investimento e partir para outro negócio, mas, do ponto de vista de Chun, a empresa era uma pechincha, considerando as despesas que ele teve de incorrer para entrar no Vietnã, como licenciamento e incorporação. Ele também tinha planos ambiciosos de se expandir para outros setores, como o imobiliário. O CEO local, que já operava no Vietnã há muitos anos, não estava errado, e a empresa continuou a operar no vermelho mesmo depois que a licença foi aprovada.

Os custos fixos da empresa permaneceram inalterados, e a sede na Coreia do Sul, que não podia enviar uma pessoa de confiança ao Vietnã, dependia das telecomunicações para saber a situação no local.

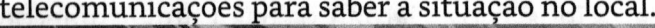

Diferentemente da Coreia do Sul, onde as empresas estão acostumadas a processar as despesas da empresa com cartões, o Vietnã ainda está acostumado a pagar as despesas em dinheiro. Isso levou a uma falta de transparência nas despesas da empresa e até mesmo a casos de pessoas que fugiram com o dinheiro da empresa.

O representante coreano local, sabendo que a sede coreana não tinha outra opção, fez várias solicitações ao Sr. Chun, como desembolso de fundos, empréstimos e registro como funcionário da sede coreana, e o Sr. Chun rejeitou categoricamente as solicitações do representante vietnamita local.

Também foi descoberto que a pessoa responsável pelas despesas da empresa cobrava taxas de estacionamento dos visitantes e as pagava ao seu chefe, embora a empresa supostamente não as cobrasse.

No entanto, a sede coreana da empresa, sem saber da situação local, teve dificuldade em reunir informações em tempo real sobre o Vietnã até que fosse tarde demais e demitiu o funcionário responsável pelo incidente.

Os desfalques cometidos por esses funcionários continuaram a ocorrer, mas a matriz coreana não conseguiu implementar controles porque era difícil designar outros coreanos para a região e não tinha recursos para implementar e operar um sistema de controle interno.

A empresa tentou melhorar as vendas por meio de várias atividades de marketing, mas as vendas não aumentaram e as despesas não diminuíram. Como o déficit da empresa continuou a se acumular, a pandemia de coronavírus atingiu o Vietnã, forçando a empresa a encerrar suas operações.

Os governos locais do Vietnã, que não tinham fundos suficientes para comprar vacinas, visitaram empresas estrangeiras e as forçaram a fazer doações voluntárias, e algumas empresas cooperaram com doações voluntárias por medo de retaliação dos governos locais caso se recusassem a pagar.

Nessa situação, o Sr. Chun, que enfrentou exigências irracionais do CEO coreano, enviou o Sr. Yang, que era o chefe da equipe de negócios no exterior de uma empresa relacionada adquirida pela matriz coreana, ao Vietnã e pediu que ele atuasse como CEO da subsidiária local no Vietnã.

No entanto, sem conhecimento do Vietnã e sem experiência comercial, ninguém esperava que o Sr. Yang fosse capaz de desempenhar sua função de CEO. Depois de assumir o cargo, Chun visitou a empresa vietnamita para conhecer suas operações. O Sr. Yang, que o acompanhou na viagem, levou-o de carro pelo Vietnã para mostrar-lhe os arredores.

Enquanto dirigia o veículo, o Sr. Chun estava com sede devido ao clima quente do Vietnã, então olhou para os vendedores de suco de palma do lado de fora do veículo e disse várias vezes que queria beber suco de palma.
Yang parou o veículo, pagou cerca de US$ 2 do seu bolso, comprou um suco de palma e o levou para Chun. Quando o entregou a ele, o Sr. Chun ficou muito irritado e disse.

Você administra seu negócio vietnamita de forma tão descuidada que não consegue sair do vermelho. Eu olhei pela janela antes e vi muitos sucos de um dólar, mas agora você está comprando sucos de dois dólares, então você pode ver quanto dinheiro está desperdiçando".

Com isso, Chun deu um sermão em Yang por cerca de 10 minutos no acostamento da estrada no Vietnã, onde o carro estava parado.
De volta ao escritório, ele a repreendeu por causa de um documento de uma página que encontrou dentro do escritório.

"Dê uma olhada no conteúdo desse documento. É sobre as regras da empresa, e há muitos erros de ortografia e de digitação. Só de olhar para ele, posso ver sua baixa capacidade de trabalho e conhecimento."

O Sr. Yang protestou dizendo que havia pedido a um intérprete vietnamita-coreano que traduzisse as regras internas escritas em vietnamita para o coreano depois que ele se tornou gerente geral da subsidiária vietnamita, e que ele deixou de fora os erros de digitação e ortografia porque ele era o único coreano na empresa e só ele precisava entendê-las, mas o Sr. Chun rejeitou essa desculpa.

À medida que a paralisação, que deveria durar apenas alguns meses, se arrastava, a matriz coreana começou a sugerir que a empresa se retirasse do Vietnã. Com perdas acumuladas e nenhuma esperança de melhora no futuro, parecia cada vez mais provável que os negócios no Vietnã estivessem fadados ao fracasso.

À medida que o déficit se acumulava com despesas adicionais, a matriz coreana parou de pagar o aluguel trimestral e as cartas de exigência do proprietário se acumulavam.

Não querendo admitir que seu investimento havia fracassado, o Sr. Chun procurou uma saída pensando em seus negócios no Vietnã e reunindo-se com seus contatos. Tentados por um conhecido que lhe contou sobre um plano de desenvolvimento de terras em uma área próxima, ele decidiu participar do projeto, que custaria mais de US$ 1 milhão, e pediu que sua equipe preparasse uma proposta para o projeto.

No Vietnã, os terrenos geralmente são de propriedade do Estado e é possível desenvolvê-los com um arrendamento de longo prazo. Por exemplo, se o terreno fosse alugado, a empresa construiria um prédio no terreno vago, obteria um contrato de aluguel de longo prazo por 40 anos e depois o alugaria de volta para o locatário.

Os profissionais que insistiram em encerrar os negócios no Vietnã continuaram a pressionar o Sr. Chun a reconsiderar se era prudente investir mais US$ 1 milhão ou mais no projeto de desenvolvimento do Vietnã após as perdas incorridas até o momento e, por fim, levaram o Sr. Chun a abandonar o projeto de desenvolvimento.

O aluguel das instalações no Vietnã ainda estava em atraso e não se sabia que medidas o proprietário tomaria se os atrasos continuassem, pois o proprietário era afiliado a uma organização com laços estreitos com os militares vietnamitas.

Os funcionários vietnamitas do local alertaram que poderiam ser ameaçados e agredidos por gangues vietnamitas, e o depósito de segurança que haviam pago ao proprietário estava prestes a desaparecer depois que os aluguéis atrasados fossem deduzidos.

Quando o Sr. Yang relatou a situação ao Sr. Chun, o Sr. Chun apenas lhe disse para resolver as coisas amigavelmente com o proprietário.

Nessa situação desesperadora, o Sr. Chun subitamente instruiu o Sr. Yang a enviar uma carta ao proprietário, pedindo-lhe que informasse o valor que pretendia pagar pelos direitos de arrendamento de longo prazo do terreno alugado pela entidade vietnamita local.

O proprietário não entendia por que uma empresa em atraso com o aluguel queria comprar os direitos de arrendamento de longo prazo de um terreno que lhe custaria mais dinheiro e achava que era um truque sujo para atrasar as medidas que poderia tomar contra o locatário, como o corte de eletricidade e água.

O proprietário enviou um ultimato ao Sr. Yang, que estava administrando o negócio vietnamita com risco de vida, exigindo que ele se mudasse dentro do prazo estabelecido pelo proprietário, que incluía cortes de energia e água.

Quando o Sr. Yang informou o Sr. Chun, este lhe disse que não poderia ficar parado e deixar que o proprietário usasse o prédio que a subsidiária vietnamita havia construído e o instruiu a descobrir quanto custaria para demolir o prédio de escritórios.
O Sr. Yang não entendia por que a empresa deveria arcar com a despesa extra de demolir o prédio quando o déficit acumulado era tão grande e seria mais barato simplesmente se mudar, mas ele não tinha escolha a não ser seguir as instruções do Sr. Chun.

O Sr. Yang encontrou um empreiteiro de demolição por meio de seus contatos vietnamitas, e o empreiteiro ofereceu-se para demolir o prédio quase sem custo, com a condição de que eles levassem a sucata, os resíduos, etc. com eles após a demolição.

O Sr. Yang assinou um contrato com a empresa e iniciou o trabalho de demolição no dia programado. No entanto, quando a demolição estava prestes a começar, um grupo de pessoas invadiu a empresa e houve um confronto físico entre eles e a equipe de demolição, fazendo com que a demolição fosse interrompida.

O proprietário, que queria manter o prédio como estava, havia enviado pessoas para interromper o trabalho de demolição, e a empreiteira de demolição pressionou o Sr. Yang a pedir indenização por não ter cumprido o contrato.

Os vietnamitas aconselharam o Sr. Yang a fugir para a Coreia do Sul o mais rápido possível, pois tanto o proprietário quanto a empreiteira o estavam ameaçando.

Temendo por sua vida, Yang fugiu do Vietnã naquela noite e retornou à Coreia.

Felizmente, parte do dinheiro na conta bancária da empresa vietnamita foi transferida para uma empresa de papel de Cingapura, e os trabalhadores vietnamitas foram informados com antecedência sobre a falência da empresa, de modo que não houve mais vítimas, mas pouco restou para ser recuperado no processo de liquidação.

9. Além do chefe, a esposa do chefe é a presidente

Bang, que atua no ramo de aquisição de empresas em dificuldades na Coreia do Sul, reestruturando-as e depois vendendo-as ou abrindo seu capital para recuperar seu investimento, deparou-se com um artigo na mídia sobre a venda de uma empresa avaliada em 1 trilhão de won (US$ 752 milhões).

Ele consultou outras empresas do setor para ver se seus principais acionistas estavam dispostos a vender e descobriu que uma das quatro ou cinco principais empresas estava.

A empresa que valia 1 trilhão de won era a líder, e a empresa classificada entre as quatro e cinco estava disponível para aquisição por cerca de 10 bilhões de won (US$ 7,5 milhões).

Embora a empresa líder e a empresa à venda não fossem comparáveis em termos de receita e outros indicadores econômicos, Bang decidiu que o valor da empresa era muito baixo, então reuniu investidores e começou a adquiri-la.

Depois de convencer os investidores e liderar o processo de aquisição, o Sr. Bang conseguiu chegar a um acordo amigável com o acionista majoritário da empresa, que queria vender a empresa o mais rápido possível, e assinou um contrato de aquisição pela administração.

Entretanto, sem experiência ou conhecimento do setor, o Sr. Bang nomeou Kim, um conhecido que havia sido CEO de uma empresa semelhante, como CEO e contratou Lee, um contador e executivo de uma instituição financeira, como vice-presidente.

O Sr. Kim, que foi nomeado CEO, era exteriormente educado e de maneiras suaves, mas era autoritário e gostava de ser tratado como tal. Ele presumiu que o Sr. Lee, o vice-presidente mais jovem, havia sido enviado pelo Sr. Bang para ficar de olho nele e, por isso, presumiu que era o responsável pela área monetária ou de gerenciamento.

Por outro lado, o vice-presidente, Sr. Lee, estava muito desapontado com o fato de o CEO, Sr. Kim, estar apenas assinando documentos de aprovação em sua sala e não fazendo nenhum esforço externo, então ele pediu ao Sr. Kim para ir até a área de vendas, mas a antipatia do Sr. Kim pelo Sr. Lee apenas agravou o conflito.

Quase um ano após a aquisição, os resultados da empresa estavam caindo, o ambicioso plano de relações públicas do vice-presidente estava sendo criticado como um desperdício de dinheiro e a saída dos principais funcionários de vendas e da gerência estava criando um sério vácuo de pessoal.

Freelancers foram contratados para apagar incêndios no curto prazo, mas a constante rotatividade de pessoal significava que as transferências não eram tranquilas e os conflitos entre funcionários antigos e novos eram frequentes.

Bang ligava ocasionalmente para Kim, o CEO, e Lee, o vice-presidente, para verificar a situação da empresa, mas tanto Kim quanto Lee não demoravam a culpar um ao outro pela deterioração dos resultados. Incapaz de confiar em seus relatórios, o Sr. Bang decidiu que a pessoa em quem mais poderia confiar era sua esposa e, por isso, nomeou sua esposa, a Sra. Jin, como auditora da empresa para verificar se os relatórios eram verdadeiros.

A esposa de Bang, Jin, era uma dona de casa que só havia trabalhado por um ano depois de se formar na universidade. No início, a Sra. Jin era humilde e começou a se familiarizar com a situação da empresa fazendo perguntas aos funcionários. No entanto, devido à sua falta de conhecimento e experiência, ela não conseguia entender as intenções subjetivas das pessoas que lhe davam informações e as aceitava, o que levava a mal-entendidos e desconfiança desnecessários.

Quando Jin entrou na empresa pela primeira vez, ela disse que voltaria para sua família após um curto período de trabalho devido à inconveniência do deslocamento, mas como não era bem tratada em casa e como executiva da empresa era tratada com autoridade e respeito, ela começou a gostar e gradualmente se tornou autoritária.

Tanto o Sr. Kim, CEO, quanto o Sr. Lee, vice-presidente, achavam a Sra. Jin, esposa do acionista majoritário, um pé no saco, especialmente por causa de sua incapacidade de argumentar com eles, sua atitude de alta pressão e a maneira como ela levantava a voz e os repreendia.

A Sra. Jin insistia com o marido, Sr. Bang, que o Sr. Kim, o CEO, e o Sr. Lee, o vice-presidente, estavam administrando mal a empresa e deveriam ser demitidos. Como o casal passava muito tempo junto fora do horário de trabalho, os argumentos do Sr. Bang se tornaram cada vez mais lavadores de cérebros.

No final, o Sr. Bang exigiu a demissão voluntária do Sr. Kim, CEO, e do Sr. Lee, vice-presidente, e eles concordaram com suas exigências. O Sr. Bang enviou alguém da matriz para ajudá-lo com as tarefas administrativas e o nomeou CEO, mas a Sra. Jin era a verdadeira CEO, e o novo CEO era apenas um CEO no nome e não tinha autoridade.

Ela insistia que os funcionários pedissem sua permissão para gastar mais de um dólar em qualquer despesa de negócios e exigia que todos os rascunhos de documentos para aprovação fossem enviados a ela. A ineficiência era tanta que centenas de documentos por dia se acumulavam para aprovação e os funcionários na fila de aprovação não conseguiam se concentrar no trabalho porque estavam assinando os documentos.

Além disso, mesmo que o CEO aprovasse algo, muitas vezes isso era invalidado porque a Sra. Jin, a auditora, tomava a decisão final, e os funcionários pensavam que ela era o CEO.

Muitas de suas instruções eram ultrajantes, muitas vezes fazendo com que líderes de equipe experientes, que estavam no cargo há muito tempo, olhassem para ela com desdém e desprezo. A Sra. Jin tinha consciência de sua inexperiência e fraquezas e achava que esses funcionários a desprezavam e a desprezavam, por isso queria se vingar.

Um mês depois, Jin ligou para o chefe de RH e jogou os papéis para ele, que pediu demissão imediatamente. O trabalho de RH foi entregue ao chefe de finanças, que não estava familiarizado com o trabalho de RH e, embora cometesse erros ocasionais, não era nada demais.

No entanto, quanto mais o diretor financeiro se envolvia no trabalho de RH, mais ele afirmava que o diretor financeiro era uma figura política com ambições de se tornar CEO ou executivo, e que o diretor financeiro deveria apenas fazer seu trabalho como diretor financeiro. Esse tipo de gerenciamento criou um vácuo em muitas funções da empresa.

A Sra. Jin exigiu que o CEO demitisse funcionários de quem ela não gostava ou com quem tinha conflitos, funcionários que estavam insatisfeitos com ela e assim por diante.

A Sra. Jin, que não tinha experiência em vendas nem em gestão, ignorou as solicitações dos funcionários por aumentos salariais no processo de negociação salarial, insistindo em congelamentos ou pequenos aumentos e apresentando os resultados como suas conquistas na redução de custos.

No entanto, os baixos níveis salariais em comparação com outras empresas do setor levaram a uma alta taxa de rotatividade, e a empresa sofreu uma grave perda de produtividade devido à saída de funcionários seniores e a uma proporção desproporcionalmente alta de funcionários iniciantes.

Essa falta de produtividade levou a acidentes frequentes no local de trabalho e, sempre que ocorria um acidente, o gerente geral nominal tinha de pedir desculpas e ser repreendido pelos clientes, em vez da Sra. Jin, que era a verdadeira gerente geral.

A incompetência e a irresponsabilidade da Sra. Jin durante a investigação do acidente levaram à demissão do CEO e, por fim, o Sr. Bang, marido e proprietário efetivo da Sra. Jin, tornou-se CEO da empresa.
O Sr. Bang também era responsável pela administração da sede e da empresa, o que significava que ele tinha que ir e voltar entre as duas empresas e injetar fundos adicionais na empresa para cobrir a deterioração das vendas e o déficit acumulado da empresa.

Embora o Sr. Bang tenha se tornado o CEO, em reuniões formais, a Sra. Jin, a auditora, muitas vezes ignorava as opiniões do Sr. Bang, e a incapacidade do Sr. Bang de fazer valer suas opiniões com firmeza na voz da Sra. Jin levou os funcionários a se referirem à Sra. Jin como presidente em vez de auditora.

Mesmo em reuniões públicas, a Sra. Jin rejeitava as opiniões do Sr. Bang, dizendo-lhe que não conhecia a situação interna da empresa e que estava certa porque estava na empresa há muito tempo.

Circularam rumores dentro da empresa de que a Sra. Jin havia pedido o divórcio do Sr. Fang e que o Sr. Fang estava tão horrorizado com a perspectiva de ter que ceder metade das ações da empresa para a Sra. Jin, para quem ele havia trabalhado a vida inteira, que começou a se submeter aos desejos dela para evitar o divórcio.

Após a mudança de CEO, o Sr. Bang, que acreditava em adivinhação e feng shui, achou que a deterioração da empresa se devia ao fato de os funcionários fazerem coisas que o feng shui dizia que não deveriam ser feitas, ou que a disposição dos móveis do escritório não era boa de acordo com o feng shui.

Ele também achava que o azar das pessoas-chave estava prejudicando o desenvolvimento da empresa, por isso implementou medidas como mudar o layout do escritório e retirar as pessoas azaradas. Os funcionários tinham de se sentar e trabalhar na direção favorável, de acordo com a teoria do feng shui, e também havia restrições de movimento, de modo que eles tinham de entrar pela porta dos fundos em vez da porta da frente.

Independentemente da qualidade da pessoa, o Sr. Bang verificava a hora de seu nascimento e os quatro pilares do destino e, se ela não fosse boa, ele não a contratava.

Quando as vendas da empresa caíam, a Sra. Jin frequentemente criticava os líderes de equipe diretamente nas reuniões, e o estresse fazia com que mais líderes de equipe e gerentes gerais procurassem atendimento psiquiátrico.

Houve também um incidente em que a Sra. Jin participou de uma apresentação para ganhar um projeto e, quando não gostou do conteúdo do CEO que estava apresentando o trabalho, subiu ao palco e fez a apresentação ela mesma.

No entanto, quando o CEO não subiu ao palco com um microfone e a Sra. Jin não conseguiu responder às perguntas incisivas e profissionais do público e perdeu o projeto, a Sra. Jin repreendeu o CEO por não ter subido ao palco e disse em uma reunião formal que havia perdido o projeto por causa do CEO.

O comportamento da Sra. Jin levou à saída de muitos líderes de equipe e superiores estressados, e a produtividade da empresa diminuiu porque os baixos salários impediram a contratação de pessoas talentosas.

Em uma equipe, a taxa de rotatividade era tão alta que apenas um dos dez membros estava na empresa há mais de um ano, e havia pouco treinamento para os novos funcionários e nenhuma medida para evitar acidentes.

A matriz da empresa viu uma oportunidade de retorno sobre o investimento e injetou fundos por meio de investimentos adicionais, mas o desempenho das vendas não mostrou sinais de melhora.

Entretanto, a atitude autoritária, a irresponsabilidade e a incompetência da Sra. Jin não pareciam melhorar, e o êxodo de funcionários importantes, incluindo o gerente geral, continuou.

A sorte da empresa, que havia começado a mudar de positiva para negativa quando o Sr. Bang assumiu o controle, não conseguiu mudar e, apesar dos esforços da matriz para injetar fundos, a empresa foi forçada a declarar falência após um ou dois anos.

Mesmo após a falência, o Sr. Bang e a Sra. Jin continuaram a alegar que o motivo da falência da empresa era culpa do Sr. Kim, o CEO, e do Sr. Lee, o vice-presidente, que eles haviam contratado após a aquisição.